楽園の島と忘れられたジェノサイド

バリに眠る狂気の記憶をめぐって

倉沢愛子

KURASAWA Aiko

はじめに

一九六五年九月三〇日（正確には一〇月一日未明）、インドネシアで発生したクーデター未遂（九・三〇事件）の後、同国内では共産党関係者に対する狂気のような大虐殺の嵐が吹き荒れた。本書では、この事件を、観光地として日本でも人気の高いバリ島のある地方を舞台に考察してゆく。

この日、首都ジャカルタで、大統領親衛隊が陸軍のトップである七人の将軍邸を襲撃し、抵抗したものはその場で、そうでないものも拉致されたうえ殺された。ただ一人、ナスティオン将軍だけは隣家に逃れ、負傷しただけで一命をとりとめたが、代わりに彼の副官と娘が犠牲となった。八人の命が奪われた事件の実行犯たちは自らを革命評議会と称し、政権の転覆を企てていた陸軍関係者たちを事前に排除するための行動だったと説明した。直接、大統領の打倒を目指すものではなかったが、明らかにクーデターの様相を帯びた事件であった。

これに対してスハルト将軍率いる陸軍戦略予備軍司令部（Kostrad）がただちに反応し、一〇月一日夕方までには一連の動きをほぼ完全に粉砕した。陸軍は事件の背後にはインドネシア共産党（Partai Komunis

スカルノ初代大統領

スハルト第２代大統領

Indonesia　以下、ＰＫＩと略記）がいたと主張し、メディアを操作して国民を立ち上がらせ、ＰＫＩ一掃作戦を展開した。当時のインドネシアでＰＫＩは合法政党であり、議会では四番目の議席数を持ち、内閣の閣僚をはじめ、行政府でも多くの主要ポストを握っていた。スカルノ大統領はＰＫＩを非合法化して解散命令を出すよう求める陸軍の主張を受け入れず、ＰＫＩを擁護しようとしたため、大統領への批判が浮上し、激しい権力闘争が始まった。

この事件を契機とする政府内部の権力争いによって、ナショナリストで反欧米、そして容共的なスカルノ政権が倒され、反共的・親欧米的なスハルト政権に交代することになった。それはインドネシアの内政のみならず、アジアの国際関係にも大きな変化をもたらし、歴史の巨大な転換点となった。

◆事件の背景

はじめに事件発生前のインドネシア国内、そして国際状況を概観しよう。そもそも九・三〇事件は、当時の世界を動かしていた、自由主義と社会主義の相克、すなわち東西冷戦という枠組みで捉えなければならない。アジアでも、第二次世界大戦の終結からまもなく、中華人民共和国、朝鮮民主主義人民共和国(北朝鮮)、北ヴェトナムという三つの社会主義国が成立し、冷戦構造が形成された。それらの国々とイデオロギーによって分断された台湾(中華民国)、大韓民国(韓国)、南ヴェトナムは、それぞれが自分たちの立ち位置から国家統一を目指していたうえ、その周辺諸国においては共産主義者による活発な反政府ゲリラ活動が続いていた。

とりわけ北ヴェトナムによる祖国統一に向けた闘争は、西側諸国に大きな危惧を植え付けていた。アメリカは共産主義を、一つの牌を倒すと連鎖的に倒れてゆく(隣国へ波及していく)ドミノになぞらえた「ドミノ理論」に基づいて強く警戒しており、一九六〇年代の初めからは南ヴェトナム政府の要請を受けて地上軍を派遣するなど、南ヴェトナム領内に展開する共産派のヴェトナム解放民族戦線の粉砕にやっきになった。そして一九六四年八月にヴェトナム北部のトンキン湾で米軍艦艇が魚雷攻撃を受けたこと(のちにねつ造であったことが判明)を口実に、一九六五年二月からは北部ヴェトナムへの空爆(いわゆる北爆)を開始し、ヴェトナム戦争が本格化していた。

第三世界の大国インドネシアにおいて、党員二五〇万人、関連団体も含めると一〇〇〇万人ものメンバーを擁し、議会でも政府内でもポストを握るＰＫＩの存在は、西側諸国にとって大いなる脅威であり、社会主義化の可能性という点で、最も現実的な危険性をはらんでいた。九・三〇事件は、そんな世界情勢・政治状況のなかで発生したのである。

しかも事件は、陸軍による事態掌握で収束しなかった。むしろ、それからの展開こそが世界を大きく揺るがす本番だったと言って良い。鎮圧にあたった国軍の主流派は、これらの将軍殺害事件は、ＰＫＩの指令によって動いたものである、という公式立場を発表し、これ以後ただちに同党の粉砕に乗り出したのである。

全国各地で住民たちによる住民たちの大量虐殺が発生した。ＰＫＩとの関係が疑われた団体、教育機関などが法的根拠のないまま襲われ、関与していた人たちは「一方的に」逮捕されたり、殺害されたりしたのである。一〇〇〇万人とも言われたシンパやその家族に、容赦ない攻撃が行われた。党との関係が明確でない者が、日ごろの恨みを晴らそうとする虚偽の密告によって犠牲になることもあった。また華僑・華人が、北京政府とのつながりを疑われてハラスメントの対象とされたこともあった。多くの場合、慎重な取り調べは行われず、捕らえられるとまもなく殺された。幹部の場合は、当局によって拘置所や刑務所に身柄を拘束され、個別的に取り調べを受ける機会もあったが、村々に住む一般大衆は、「あいつもＰＫＩだ」と指差されただけでトラックに乗せられ、ただちに処刑場へ運ばれていった。

陸軍を中心とする当局の巧みな情報操作による心理作戦で「共産主義者は恐ろしいことを企てている」「やらなければ自分がやられる」というデマが、住民にいいようのない恐怖を植え付けた。風評と妄信の持つ威力と恐ろしさが、そこには端的に表れている。そして、このイデオロギー的な殺戮は、国家を危機から救うための正義の行為であるから一切責任は問われないとされた。殺害を実行したのは、ＰＫＩと勢力を争っていた他党の支持者や、共産主義者は神をないがしろにすると信じ込んでいた「信仰篤い」人々であった。

　こうして全国で――その様相はそれぞれに異なるが――ＰＫＩとその傘下の団体のメンバーやそのシンパたちが、政治の表から――それどころかその一部はこの地上から――一掃された。その数は少なく見積もっても五〇万人、国軍の治安秩序回復司令部《コプカンテイブ》の司令官としてＰＫＩ弾圧の指揮をとったスドモ将軍によれば二〇〇万人にのぼると言われている。なかでも最もすさまじい虐殺が行われたのが「地上の楽園」バリであった。

　容共的なナショナリストで、西側諸国との関係があまり良くなかった初代大統領スカルノは、陸軍から求められたＰＫＩ批判を、因果関係がはっきりしないとの理由で拒み、国軍主流派との間で権力闘争を繰り広げたが、その意志に反して展開されたＰＫＩ弾圧と大虐殺を止める力をまったく持たず、段階的に権力を奪われていった。★1 そして翌年三月一一日、大統領は反共で親欧米的な軍人スハルト少将が画策した軍の無血クーデターによって実権を剥奪されることになった。

　以降は、実質的にスハルト派が実権を握ることになるが、独立の英雄であり、第三世界の盟主として国内外に大きな影響力を持つカリスマであったスカルノ大統領を即座に追放することは難しかった。そこで時間をかけ、さまざまな立憲的手段が講じられた。スカルノを「合法的に」罷免し、スハルト中将が第二代大統領に就任したのは一九六八年三月のことであり、クーデターから二年半もの年月が経っていた。現在では、九・三〇事件というときには、二つのクーデターを含む政権交代の全プロセスに加え、その過程で生じた大量の虐殺や社会混乱を含めて語られることが一般的である。

かくして冷戦真っただ中の東南アジアの政治地図は大きく塗り替えられることになった。スカルノがイギリスの新植民地主義的陰謀であるとして強く反対していたマレーシアとも国交を樹立し、それまで実現困難であった東南アジアの反共国家の連帯が可能になって、一九六七年のASEAN(東南アジア諸国連合)の成立をもたらしたのである。インドネシア自身も、強いナショナリズムの下、自力更生路線を取っていたスカルノ大統領の対外政策を一八〇度転換させ、諸外国に門戸を開いて投資や経済援助を呼び込む開発優先政策を取った結果、西側諸国とのパイプは飛躍的に拡大した。ちょうど一九六〇年代の高度経済成長を達成していた日本からも、多くの企業が資本投資に乗り出し、もっとも大きな経済協力のドナーとなっていった。いうなれば、その後の日本の、東南アジアへの経済進出の地ならしをしたのが九・三〇事件だったのである。

ドミノ理論に基づくアジア諸国の共産化を本気で恐れ、当時ヴェトナムに大量の軍隊を送ってその防止に懸命になっていたアメリカやその他の西側同盟国にとって、アジアで中国共産党に次ぐ多くの党員を抱えたPKIが、この事件を契機として自滅してくれることは、この上もない恵みだった。それゆえこの事件の背後にはＣＩＡの関与があったのではないかという憶測もいまだに根強くくすぶっている。

この事件を契機に発生した政治的・経済的、社会的・国際関係的な大変動は、ひとくちには語れない多様な側面や奥深い問題を秘めている。しかし事件後、権力を握ったスハルト政権により真相究明のための調査研究は封じられ、わずかに政府の公式見解が学校教育の場で教えられるに過ぎなかった。ところが、一九九八年に三二年間続いたスハルト政権が倒れ、それまで困難だった研究が多少なりとも可能になってからは、世界中の研究者によって多くの研究が世に現れるようになった。

私自身、その後のインドネシア史にもたらした影響のあまりの大きさゆえに、スハルト政権時代から「九・三〇」には強い関心をもっていた。別のトピックで村落調査などを続ける中で、その惨劇の断片が耳に入っていたからである。たとえば、村の行政を牛耳っている人々が、外国人である私の目から遠ざけ、隠そうとする人物が村の中にいることを、うすうすだが感じるようになった。当初は聞いてはいけない気がして、ただ黙って観察するだけであったが、村人との親交が深まってくると、その人たちが「身辺が清潔でない人」、つまり共産主義のイデオロギーに汚染されていた人たちであることが分かってきた。

ということは一九六五年の虐殺事件の生き残り、あるいは被害者家族であろう。彼らが、虐殺した側の人々と村の同じ空間の中で生き続け、しかし何も語る場を与えられないまま、二等国民として片隅に追いやられていることには少なからず心が痛んだ。「ここだけの話だけれどね」と言いながら、何年か前に起こったことを断片的に、しかしセンセーショナルに耳打ちする人などもいて、史実を知りたいという私の願望は否応なく膨らんでいった。

◆個人的な執筆動機

そして単なる知的関心だけではなく、私に、この問題と取り組まねばならないという使命感のようなものを抱かせた個人的な背景もある。その原動力となったのは、同時代に生きてきた人間でありながら、凄まじい虐殺に対し自分がそのとき何も声をあげなかったことに気づいたときの深い衝撃であった。調査の過程で出会った元政治犯や犠牲者の遺族らの多くは、私とほぼ同じ年齢、つまり同じ時間軸を生きてきた人たちであった。歴史を掘り起こすなかで出土した様々な事象は、同時代人として私自身が体験してきた事柄と重なっており、決して遠い昔の出来事などではなかった。この問題は、いわゆる「全共闘世代」である私自身の、挫折した青春時代への個人的回顧と絡み合っているのである。

事件の発生から約半年後の一九六六年四月、私は大学に入学した。アメリカによる北ヴェトナム空爆（北爆）反対や沖縄返還を叫ぶ声が響き、四年後に迫った日米安保条約の改正反対を主張する「立て看（たてかん）」が並ぶなど、学生運動各派のリーダーたちが独特の口調で競ってアジ演説を繰り広げるキャンパスは熱気にあふれていた。世は高度成長を迎え、日本人の懐は急速に豊かになっていたが、そのひずみも目に見え始めていて、若者を中心に誰もがものを考え、発言し、行動することを求められていた。世の中の不条理を気に留めず、政治に背を向ける秀才――ノン・ポリという奇妙な英語で呼ばれていたが――は、自己中心的な出世主義者だと指弾されても仕方ない時代であった。青臭いと言えばそれまでだが、とにかくキャンパスには、憤怒と同時に、何とかしなくてはという切望の入り混じったエネルギーがあふれていた。

しかしそんな活気の中で、私たちは同時代的に進行していたインドネシアの虐殺のことをほとんど何も知らなかった。当時の日本にとってインドネシアが遠い国であったかといえば、決してそうではない。第三世界の国々が初めて一堂に集って国際的に声をあげた一九五五年のアジア・アフリカ（バンドゥン）会議を、中華人民共和国の周恩来首相、エジプトのナーセル大統領らと共に主催したスカルノ大統領は、新興国の英雄として日本でも良く知られていたし、その夫人となった日本女性デヴィさんのシンデレラ・ストーリーは若い娘たちの心をときめかせていた。二人がその地位から追われることになった一連の政変に関心を持たなかったわけではないが、よくある政治家たちの権力争いだと思っていたのかもしれない。その背後で何百万という一般市民が残虐な方法で命を奪われたり、亡命を余儀なくされたり、政治犯として獄に繋がれたりし、インドネシア社会にその後も長い間拭い去ることのできない深い亀裂を残したことを、私は知らなかった。

その頃から私はアジアを学ぼうとしていた。文化大革命真っただ中の中国を訪問して真っ赤な毛沢東語録を振りかざす人々の恐ろしいまでの熱気に触れたり、巷をにぎわせた「ベ平連」のヴェトナム反戦運動に参加したり、またキャンパスではいわゆるノンセクト・ラディカルとして全学共闘会議に集って声をあげていたのだ。しかしその一方で、まさにそのときインドネシアで起こっていた恐ろしい虐殺について全く無知で、何の声もあげなかったのである。あれだけいろいろなことに血をたぎらせ、「騒いでいた」私たちが、である。

そしてもっと恐ろしいのは、この多くの人命の犠牲の上に成った政権交代の結果、日本の経済界はインドネシアに大規模な資本進出の機会を与えられて潤い、私たちもその恩恵をふんだんに受けて生きてきたにもかかわらず、そのことについての認識も欠如していたということである。

一九九八年にスハルト独裁政権が倒れると、すぐさまそれまで気になっていたこの事件を、私の人生の最後の大きな課題として抱えていこうと考えた。この事件に関しては、二〇一四年に『9・30 世界を震撼させた日』(岩波現代全書)と題する単著を公刊し、事件の大きな枠組みやそれが持つ様々な意味を紹介することで、おおまかなイメージを日本の読者に伝えることができたと思う。それでもまだまだ語り尽くせない側面が取り残されており、それを埋めるべく、この数年間には、事件と日本の関わり(二〇一五)、事件が華人社会に及ぼした影響(二〇一七、二〇一九)、そして和解をめぐる状況(二〇一六)、さらに国際関係から見た事件の再考察や海外亡命者の運命(二〇二〇)といった個別的なテーマに挑戦してきた。

そうした成果を踏まえ、本書ではこれらの一連の研究では正面から深く掘り下げて扱うことのできなかった大きなテーマ、つまりこの事件が抱える最も深刻な側面である「虐殺」そのものを本格的に掘り起こそうと考えている。虐殺については、上述の岩波全書でも一章を割いて触れたほか、二〇〇七年に刊行された『大量虐殺の社会史』(松村高夫・矢野久編著　ミネルヴァ書房)にも一章をいただいて中部ジャワにおける事例を論じたが、今回はバリ島という、日本人にもなじみ深い観光地を例にとって詳細な考察を行うことにした。

◆そして「バリ島ジェンブラナ」との出会い

平和と安寧と癒しのシンボルのような、このインドネシア最大のリゾート地では、インドネシアの他のどの地方よりも苛烈な虐殺が行われた。一九六五年一二月から数ヵ月のうちに、人口一六〇万人のこの島で、その五パーセントに当たる約八万人が殺され、それは、もっと長い年月をかけて実行されたポル・ポトによるカンボジアの虐殺による犠牲者の数と等しいという(Robinson 1995: 273)。

カンボジアでの虐殺の歴史が一種のダークツーリズムとして、アウシュビッツなどとともに、人々がそれを追憶する場として繰り返し語られ、訪れられ、想起され、語り継がれているのに対し、バリでその記憶は長らく覆い隠されてきた。それは事件後、インドネシアでは惨劇の加害者たちが政権の座につき、三二年間(一九六六~九八年)にわたる独裁を敷いたため、誰もが公然と口にすることを憚ってきたからである。

もちろん、最大の産業であり、インドネシアのドル箱とも言うべきバリ観光のイメージを損なってはいけないという意識から、他の地方よりもいっそう深く闇の底に追いやられたという面もあるのかもしれない。バリのどこへ行っても、事件を想起させるような記念碑もなければ、語りもない。住民の誰もが皆知っていることなのに、観光客の目や耳には届かないのだ。

これは二〇〇二年一〇月にバリ島で起こった、イスラーム過激派による爆弾テロと比べるとあまりにも差異が目立つ。美しいビーチで知られるリゾートエリア・クタのディスコで発生し、多くの外国人を含む二〇二人の命を奪ったテロを心に刻み、犠牲者を悼むために、事件の跡地には大きなモニュメントが建てられている。バリ州知事は知ってか知らずか、この事件についてなんと「平和なバリで起こった史上最悪の事件(傍点筆者)」という表現を用いた。その三十数年前に起った未曾有の虐殺を無視したこのような不正確な表現が公の場で行われること自体、インドネシアが国を挙げて一九六五年の虐殺を忘却のかなたに追いやろうとしてきたことの証左と言えるだろう。

この時期の歴史を扱った先行研究の中ですでに触れられていたこともあり、私自身は神秘的な寺院の境内や美しい海岸が血に染まったことを全く知らなかったわけではないが、それを身近に感じ、自身の課題としてバリ島の虐殺を書き記そうと考えるようになったのは、慶應義塾大学に奉職中、ゼミ生の海外研修旅行先として毎年訪れ、ホームステイしていたバリ島西部のジェンブラナ県の村に滞在していた折、驚くような事実を突きつけられたことがきっかけだった。

ある日、私や学生たちがいつも寝泊まりしている海辺のコテージの従業員たちと雑談をしているとき、(経緯は失念したが)彼らが目と鼻の先の土地を指して「ほら、そこの海辺にも(殺された人たちの遺体が)埋められているんだよ」と教えてくれたのである。そこは椰子の林に囲まれた海岸で、インド洋に沈む美しい夕日と、夜は満天の星空を楽しみ、仕事に疲れた私の全身を癒してくれるような静かなコテージなのだが、その眼前に何体もの遺体が、きちんとした宗教的儀礼もなく葬られ、未だにそのままになっているというのだ。最初は密やかであったが、私が興味を示して聞き始めると、彼らはいろいろなことを話してくれた。海辺に埋められている犠牲者は共産主義者で、一九六五年に殺されたが誰も怖くて現在に至るまで掘り出して火葬をしていない。だからその魂は成仏できず、とても不浄で危険なのだという。

犠牲者の一人は、私や学生たちがお世話になっている集落の慣習長イ・ワヤン・スディアナさんの父親であり、もう一人はコテージの管理人として日々食事などのお世話になっていたマデさんの父親だった。さらに、学生たちを受け入れてもらっているホームステイ先の家の何軒かも親族に犠牲者を出していた。一方、殺戮のイニシアティブをとったのは、地元の行政当局との折衝などで私たちの研修プログラムを助けてくれている村議会議長の父親だった。

なんということだろう。殺した側と殺された側の家族たちが同じ一つの村社会に、すぐ隣り合わせで生きている。村議会の議長さんがやってくれれば、コテージの管理人たちはにこやかに世間話をしており、村でお祭りがあれば、被害者の遺族たちも何の屈託もなく（そう見える）一緒に準備をし、お供えを捧げ、礼拝をする……。私には想像を絶する世界だった。

ジェンブラナ県の村落社会におけるコミュニティの変容の歴史を調査していた私は、一九六五年前後の歴史についての聴き取りにも時間を割くようにした。その結果、インドネシアのどの地域よりすさまじかったバリの殺戮は、他ならぬこのジェンブラナ県で起こったある事件を契機に始まっており、そのために周辺一帯が最も大きな被害を受けていたことが分かってきた。

惨劇の発端となった事件は、一九六五年一一月三〇日に県庁所在地ヌガラ市郊外のテガル・バデン村で起こった。★2 その日、その村で共産主義者が秘密会合を開いているという情報を受けて駆け付けた国軍兵士一名とアンソール（ナフダトゥル・ウラマ［Nahdlatul Ulama 以下、NUと略記］というイスラーム組織の青年団組織）の隊員二名が殺されたのである。

いったい誰が発砲したのか、混乱の中でまったく真相はわからないにも関わらず、それは非合法の会議を開いていた共産主義者たちの仕業であると、ただちに、しかも一方的に断定され、これをきっかけに国軍、警察、イスラーム教徒（ムスリム）、インドネシア国民党（Partai Nasional Indonesia 以下、PNIと略記）関係者といった反共主義者の怒りが爆発したのである。翌日から住民による住民に対する無差別な集団虐殺が発生し、連鎖的に周辺に拡大していった。しかも直接手を下したのは国家権力ではない。住民、ごく普通の農民や、漁師や、行商や、人力車引きたちが、ありあわせの武器を手に、つい先日まで顔を合わせていた隣人を狂気に駆られたかのように一方的に殺害していったのである。

中国系のインドネシア人で学生運動の活動家であったスー・ホック・ギーは、「一九六五年末から一九六六年初めにかけてこの美しい島で虐殺が起こった。……しかしそれは戦争ではない。戦争ならどんなに一方が弱くても双方からの武力行使がある。……しかしバリでは全く抵抗が起こらなかった」と記している(Cribb 1990: 252)。そうなのである。つまり全く一方的な殺害行為だったのである。

年間六〇〇万人以上の観光客を世界各国から集めている「地上の楽園」バリで、なぜ、かくも恐ろしい惨劇が起こったのだろう。なぜ村人たちは、暗示にかけられたように、罪の意識もなく、いっせいに人の命を奪う行為に乗り出したのだろう。それも大昔の話ではない。わずか半世紀前のことである。突如この美しい島を襲った悪夢の実態を突き止めてみたくなった。


その後、私は毎年何度も同地に足を運び、コミュニティの変容を調査する中で、当時の関係者から、少しずつ話を聞く作業を進めた。自分が毎年逗留している村では皆顔見知りであったが、広いジェンブラナ県の他の地域では、人脈がないと、なかなか人々は口を開いてくれない。しかも書き残された資料はほとんどなかった。国軍にも政府にも公式の資料が残っていない。仮にあったとしても自由な閲覧は不可能な状況であった。ただ一つ、ヌガラ市に住んでいた郷土史家の故ワヤン・レカンによって書かれた未刊行の論考が、もっともまとまった資料であった。しかし、自分の体験を交えて書き溜めていた彼の記録もまた、ほぼスハルト政権の公式見解に基づいていた。それ以上の詳細は、調査することすら憚られたのであろう。

私が本格的に調査を始める少し前、ジェンブラナ出身の文化人類学者イ・グラ・スルヤワンが、ワヤン・レカンの手記を参考にしながら、関係者を見つけ出して独自のインタビューを行い、ヌガラ周辺の各地で発生した多くの虐殺の経緯について綿密な調査を行っていた。そして、その成果を*Ladang Hitam di Pulau Dewa: Pembantaian Massal di Bali 1965*［神々の島の黒い畑――一九六五年バリにおける大量虐殺］(2007 Yogyakarta: Galang Press)、と題して二〇〇七年に刊行した。[★3] 知られざる多くの史実を掘り起こしたという点で、素晴らしい研究成果であった。ただ、それを読んでも「いったいなぜ、このジェンブラナで事件は始まったのか」という疑問は解決されなかった。

スルヤワンの研究をさらに発展させ、その疑問を追及するにはどうすればよいか試行錯誤していた二〇一二年、東ジャワ在住の関係者からの紹介で、ヌガラ市のロロアン地区に住むムスリム関係者と太いパイプが繋がった。バリはヒンドゥー教徒の島であるが、実はこの地域には非常に多くのムスリムが居住しているのである。そしてジェンブラナの虐殺に、ムスリムが大きくかかわっていることは側聞していた。

そのときはムスリムの友人の案内で東ジャワ東端のジェンベル、ならびにバニュワンギを旅し、その延長でバニュワンギからフェリーでバリ島へやってきた。そして、このヒンドゥー社会の真っ只中に住むムスリムの人々と出会ったとき、漠然とではあるがジェンブラナという土地の特殊性が見えてきたような気がしたのである。

バニュワンギのクタパン港からフェリーに乗ると、わずか三〇分ほどでバリ島ジェンブラナ県のギルマヌック港に着く。ギルマヌックからバリ州の州都デンパサルに向かって東へ三〇分ほど車を走らせると、県庁所在地ヌガラの町が見えてくる。スムーズにいけばバニュワンギを出て一時間ほどである。つまりインドネシアの政治経済の中心地ジャワ島からやってくると、ヌガラの町はバリの玄関口にある。一方、デンパサルまでは、そこからさらに車で三時間ほどかかる。ヌガラという町にとって、いかにジャワが近いかわかるだろう。このとき私は、バリの歴史をデンパサルからではなく、ジャワの方向から見るとどういうことになるのか、と考えたのだった[★4]。

ムスリムのコミュニティに足を踏み入れることによって、私の視野は大きく広がった。発端となったテガル・バデンの事件で亡くなったのが、ムスリムの青年組織アンソールの隊員、しかもジャワ人だったということはジェンブラナの特殊性を象徴的に物語っているのではないか。バリではムスリムが大量虐殺の実行者となり、そのために対立の構造がいっそう複雑なものになっていた。

その後、当時アンソール・ジェンブラナ支部のリーダーで、多くの殺戮を実行した張本人であるアドナン・マルハバン氏が書き記した未公刊の手記を、本人から入手することができただけでなく、直接何度か話を聞くこともできた。彼は当初、さほど信仰に熱心ではなく、コーランも満足に読めないムスリ

ベニー・ステジャ夫妻（ヌガラのプリにて）

ム青年であったが、手記には、そんな彼がどのようにしてアンソールの中心的存在になっていったのか、また事件前、共産党系の人々を含めてどのような人間関係を築いていたのか、そしてその人たちの処刑にどう対処したのかなどが飾らない言葉で淡々と描かれており、単なる武勇伝やアジテーションにとどまらない資料的価値があった。

また、王宮《プリ》を破壊されたジェンブラナの王《ラジャ》★5の孫で、当時容共的だとして拉致され行方不明になったバリ州知事アナック・アグン・バグス・ステジャの息子、ベニー・ステジャ（Beny Suredja）氏との出会いもあった。彼は真相究明のために協力を惜しまないと述べ、積極的に援助の手を差し伸べてくれただけでなく、中立的な立場からこの事件を客観的に捉えなおすことに情熱を抱いているヌガラ出身の元警察官ワヤン・デニア氏を紹介してくれた。ワヤン・デニア氏は、自身警察官

ワヤン・デニア氏と著者(プリ・ジェンブラナの前で)

として勤務中に共産主義者の濡れ衣を着せられ、査問を受けたが、上司の計らいで事なきを得て定年まで職務を全うすることができた。共産主義者として殺された犠牲者たちに彼は非常に同情的で、多くの遺族に引き合わせてくれた。その大半は彼自身の小学校や中学高校時代の友人や、家族ぐるみで付き合っていた人たちであった。なにより、「元警察官」の彼が「大丈夫だから何でも話しなさい」といざなってくれたことによって、犠牲者の遺族は政治的な影響を恐れず外国人研究者に口を開いてくれたのである。こうして聞き取り対象者の幅が広がった。

一方では関係者の伝記を活用することもできた。たとえば事件当時のジェンブラナ県知事イダ・バグス・グデ・ドースターの伝記が二〇〇七年に刊行された(Jelantik & Suarja 2007)。同書には、無党派知事としての様々な葛藤や試行錯誤、さらにはスカルノによって結成されたＰＮＩ、ＰＫＩ双方から彼自身が受けた嫌がらせなども描き出されており、事件の複雑さが伝わってくる。さらに二〇一〇年には、ＰＮＩの有力者ウェダストラ・スヤサ（Wedastra Suyasa）の伝記（Lane 2919）が、さらに二〇一六年にはステジャ知事の伝記（Aju 2016）が刊行され、全体像がよくわかるようになった。

本書は、それらの史・資料やインタビューに依拠して、これまで詳細が明らかにされてこなかったジェンブラナの惨劇の発端とその後の展開を実証的に分析する。そもそもテガル・バデン事件に始まるＰＫＩ攻撃の真相は何だったのか。反共勢力とＰＫＩの武力衝突はそれまでもいたるところで起こっていたといわれるが、なぜ事件が起爆剤となって大量虐殺にまで至ったのか。誰が、誰の意図を受けて、どのように動いていたのかを分析することによって事件の性格を洗い直し、さらにテガル・バデン事件への報復という形で、狂信的なほど一方的に繰り広げられた殺戮の実態を、「ひとは人を斯くも簡単に殺せるものなのか」、「何が彼らをそうさせたのか」という問いを投げかけつつ究明し、一連の九・三〇事件研究の一端に寄与しようと思う。

註

★1——それは時間をかけ「慎重に」、三段階で行われたため、しばしば「這うようにして進められたクーデター」

と呼ばれる。すなわちスカルノは、一九六六年三月一一日、治安維持の実権をスハルト将軍に任せるという委任状に強制的に署名させられ、ほぼすべての実権を失ったのち、一九六七年三月に議会に提出された不信任決議によって大統領職を罷免された。自宅軟禁状態におかれたスカルノに代わり、スハルトは大統領代行となり、その後一九六八年三月、スハルトが正式に第二代大統領に就任した。

★2――土地の人たちは九・三〇事件になぞらえて「一一・三〇事件」と呼ぶことがある。

★3――「黒い畑」というのはジェンブラナの惨劇の発端となった事件が発生した、バリ語で「テガル・バデン」という村名の邦訳である。

★4――もっともジェンブラナの人々が心理的にジャワに親近感を抱いているか、そして日常的にジャワを向いているかと言えば、それは別の話である。ジャワとバリを隔てる大きな壁、つまり宗教の違いを忘れることはできない。ジャワの多くの人々がイスラームを信仰しているのに対し、バリ人はヒンドゥー教徒であり、全く異なる慣習や文化を守っている。

★5――インドネシア共和国として独立する前、バリ島にはラジャが統率する小さな王国が八つあり、ジェンブラナはそのひとつだった。もはや政治権力は何もないが、依然として文化的統合の中心としてかつてのラジャの一族は一定の尊敬を受けていた。

楽園の島と忘れられたジェノサイド――バリに眠る狂気の記憶をめぐって

目次

第9章　和解への道を模索して　209

楽園の島と忘れられたジェノサイド——バリに眠る狂気の記憶をめぐって

凡例

★バリ人の名前を表記する際には、所属するカーストや、さらに人口の九〇パーセントを占めるという平民の場合には兄弟の中での順番を示すワヤン、クトゥットといった言葉が固有名の前につく。しかし本書では煩雑さを避けるために、主要人物を除いてそれらを省略し、固有の名前(仮名を含む)だけを明記した。

★本文中で使用した写真のうち、歴代インドネシア大統領のポートレートはパブリックドメインとなっているデータである。また特に注記のないものは著者の撮影による。その他の写真を提供してくれたインドネシア国立図書館(四、七九頁)、スルヤワン氏(二二七頁)に感謝する。

第1章 虐殺の背景

1 九・三〇事件前夜の政治状況

バリで起こった凄惨な虐殺を論じる前に、なぜこのような事件が起こったのかを理解するため、一九六五年に至るまでのインドネシアの内政と、それを取り巻く国際情勢を概観しておこう。

インドネシアはナショナリスト（民族主義者）であるスカルノのリーダーシップの下、第二次世界大戦終結直後の一九四五年八月一七日に独立を宣言したが、宗主国オランダはそれを認めようとしなかった。交渉と武力闘争（インドネシア独立戦争）がくり返されたが、国連の介入もあり一九四九年一二月になってようやく、オランダは主権を移譲することに同意した。しかし、西部ニューギニアは当分オランダが領有すること、さらに、オランダの経済権益はすべてそのまま存続を認めることなどが条件となっており、

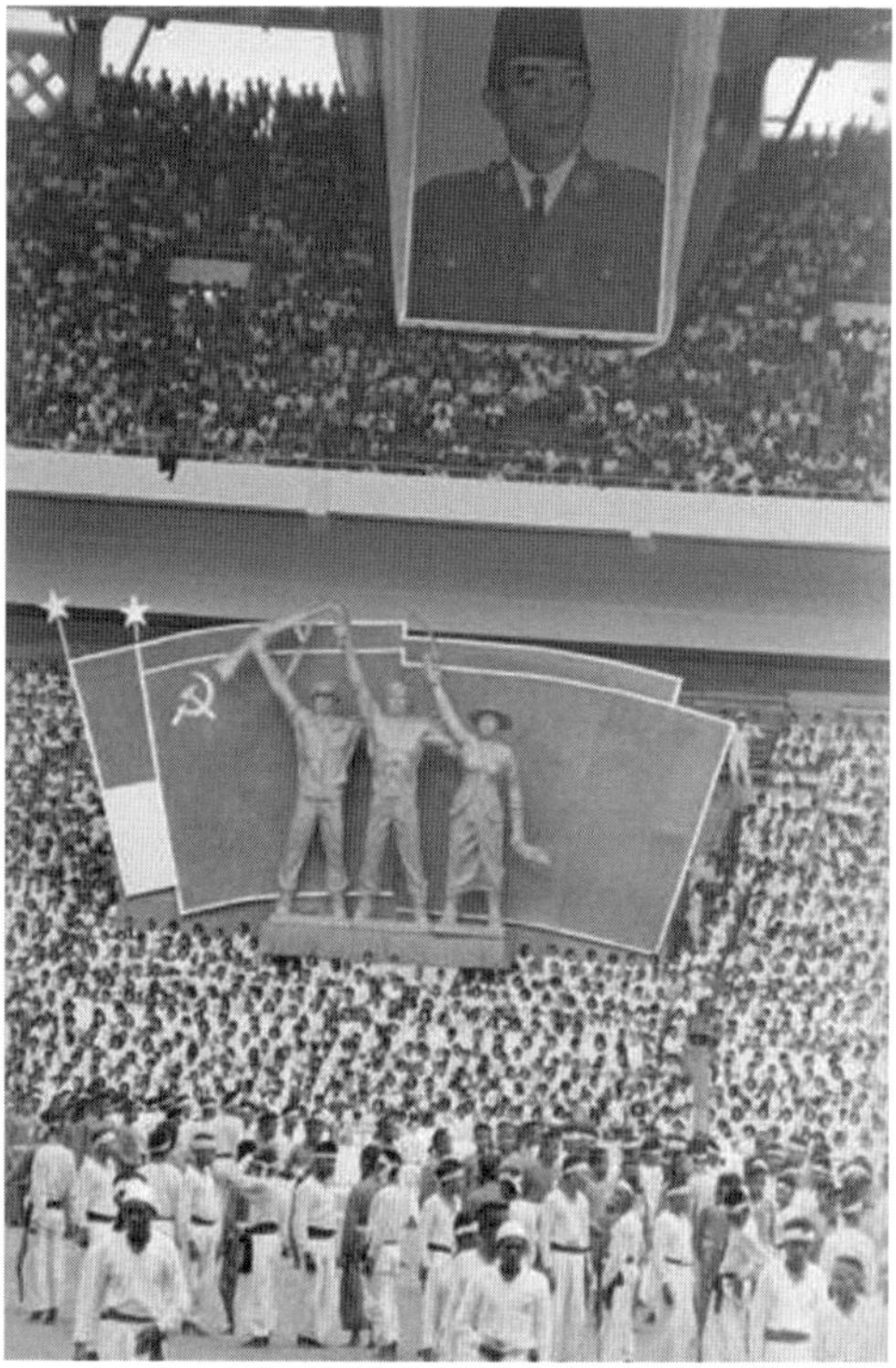
1965年5月に開催されたPKI創立45周年式典
インドネシア国立図書館提供

非常に妥協的なものであった。そのためインドネシアは、その後も長くオランダ依存の経済体制から脱することができず、政治的には独立しても経済的には旧宗主国が大きな影響力を持ち続けるという、いわゆる新植民地主義の抑圧下におかれることとなった。それは、当時の新興独立国がいずれも多かれ少なかれ被っていた不利益であった。

結果的にインドネシアは、新たな国造りの中で旧宗主国の影響と闘うこととなり、スカルノは事あるごとに「まだ革命は終わっていない」と叫び続けた。彼は状況を打破するためには、新興独立国が一致団結して欧米の支配に立ち向かわねばならないとして、心を同じくするインドのネルー、エジプトのナーセル、中国の周恩来らと協力して、一九五五年にはインドネシアのバンドゥンでアジア・アフリカ会議を開催した。これは長らく欧米の植民地として虐げられてきた弱小諸国が団結し、大国を相手に自分たちの利益を主張するため、初めて独自に組織開催した国際会議であり、反帝国主義、反植民地主義、民族自決を謳い、欧米諸国に対して大きな警鐘を鳴らすものだった。この会議のため日本を含む世界二九ヵ国の代表がインドネシアに集まり、インドネシアは東西両陣営にくみしない、いわゆる非同盟中立のリーダーとしてその存在をアピールすることになった。

このようにインドネシアは欧米の覇権を否定し、東西冷戦の中にあっては中立を堅持しようとした。とはいえ、経済支配に陥ることを避けるため欧米からの経済援助や資本投資を拒絶する一方、各地で連鎖的に続いていたアジア・アフリカ諸国の民族独立や新植民地主義との闘いに理解を示すソ連や中国には接近する傾向があった。

そうしたなかスカルノは、一九五八年末に国内のオランダ資産を強制的に接収し、国有化する政策に踏み切った。と同時に一九四九年の主権移譲の際に取り残された西部ニューギニアの主権回復を求める闘争を展開し、いっそう左傾化していった。さらにイギリスがマラヤ、シンガポールを、英領北ボルネオと合併させ、マレーシア連邦として独立させようとする計画に対しても、新植民地主義的な支配を貫こうとするものだとして強く反対した。こうして一九六〇年代前半のインドネシアは、オランダ、イギリスをはじめ、その背後にいるアメリカなど、欧米諸国と激しく敵対するようになっていったのである。

スカルノは国内でも、それまで採用していた欧米的な政治体制である議会制民主主義を否定し、国家は英知ある指導者によって導かれる「指導される民主主義」を採用すべきだと主張した。そして強い大統領権限を保証する独立当初の憲法に復帰し、一九五五年の総選挙で成立した議会を解散し、任命制の議員によるゴトンロヨン(相互扶助)議会(DPR-GR)を成立させた。それは、議員が民族主義＝ナショナリズム(NASionalisme)、宗教(アガマ[Agama])、共産主義＝コミュニズム(KOMunisme)、という三つの勢力のバランスの上に立って任命され、多数決ではなく、ムシャワラ(話し合い)、ムファカット(全会一致)という合議制を基礎として物事が決定された。この政治体制は、三つの勢力のインドネシア語の頭文字をとって「ナサコム(NASAKOM)」と呼ばれた。現実には、民族主義はインドネシア国民党(PNI)が、共産主義はインドネシア共産党(PKI)が、そして宗教は、ナフダトゥル・ウラマ(NU)というイスラーム組織が代表した。具体的にはこの三党と、国軍を含む職能グループの代表が一定の割合で、ゴトンロヨン議会の議席を分けあうことになった。三つのグループのバランスは中央から村落に至るまでの議会ではもちろんのこと、行政府においても、また社会組織においても、それに応じて役職が配分された。

民主的な選挙で選ばれた国会を解散して、しかも多数決制を排して合議制を導入するという民主主義に逆行する体制であるため、既存の政党の間でも抵抗があり、たとえば、NU内には、それを認めず、スカルノ政権への参加を拒否しようとする派閥も登場した。しかし結局ナサコムを認めないことは、反政府勢力になることを意味するため、既存の政党はこれを受け入れることになった(Samsul 2019: 32-35)。

ＰＫＩは、一九五五年の国政選挙のとき、すでに上位四つの政党の仲間入りをしていたが、ナサコム体制の下で、不可欠の要素となって一定の枠を保証されたことにより、いっそう勢力を拡大し、一九六〇年代前半には、党員約二五〇万人、傘下の諸団体のメンバーを入れるとシンパは一〇〇〇万人近い、とされていたことは「はじめに」でも触れたとおりである。そして、もし今(一九六〇年代半ば当時)選挙をすれば第一党になるだろうとまで言われていた。

当時アジアは、厳しい冷戦の真っ只中にあった。アメリカをはじめとする欧米諸国は、東南アジア諸国への共産主義の浸透と勢力拡大に強い警戒心を抱いていた。とりわけ、北部ヴェトナムが共産化し、南部との統一という形で版図の拡大を目指していたインドシナ半島にアメリカは軍事介入し、共産勢力と熾烈な戦闘をくりひろげていた。アメリカにとって、党員二五〇万人を擁するというＰＫＩの存在は大きな不安要因であった。北ヴェトナムの共産勢力拡大を何とか食い止め、ドミノ倒しのように東南アジアに共産主義が拡散することを防ぎたいと考えていたアメリカにとって、大国インドネシアの共産化はどうしても阻止しなければならなかった。またマレーシア問題で、インドネシアと激しく対立し、ボルネオ島の国境付近では軍事衝突も起こりかねない一触即発の状況に追い込まれていたイギリスも、何とかスカルノ政権の勢力を削がねばならないと考えていた。イギリスもアメリカもともに、密かにインドネシア国内の反共勢力をバックアップしてＰＫＩの勢力拡大を阻止しようと画策していた様子が窺える。

スカルノは、そうした欧米諸国への警戒心からいっそう中国・ソ連寄りになっていった。そしてＰＫＩは、中ソ論争を通じて、平和共存路線のソ連より人民革命を打ち出す中国の毛沢東路線に徐々に接近していった。一九六五年になると、ＰＫＩ書記長アイディットは、労働者と農民を武装させ、陸・海・空・警察に次ぐ五番目の軍隊をつくるという、いわゆる第五軍構想を持ち出した。スカルノ政権も北京－ジャカルタ－ピョンヤン－ハノイ－プノンペン軸とよばれるほど反米諸国との繋がりを強めていった。

一九六五年八月にアイディットが訪中していた時、インドネシア国内でスカルノが突然体調を崩し、一時は生命も危ないという噂がたったことがあった。このときアイディットと一対一で面会した毛沢東は、「スカルノに万が一のことがあったらどうするつもりか」と問いただしたと言われている。もともと周辺アジア諸国の共産党に、議会選挙による政権奪取ではなく、人民による蜂起を呼び掛けていた毛沢東が、そのとき、暗にその路線をアイディットに示唆したかどうかは判然としない。中国の研究者周陶沫（Taomo Zhou）によれば、アイディットは、「そのときのことは十分考えている」、と回答したとされるが（Zhou 2019: 362-363）、彼が実際に何を考えていたのかは分からない。ともかく九・三〇事件が発生したのは、それから約二ヵ月後の事だった。

2 「楽園」の陰に潜む対立の歴史

前節では事件発生までの中央レベルでの政治の推移をみた。では、現在平和で調和のとれたイメージが定着している「楽園」バリで、なぜ一九六五～六六年に、最も激しい惨劇が発生したのだろうか。その背後には一体どのような要因があったのだろうか。たとえばジャワにおいては、この時期の虐殺の背景について、共産主義をめぐるイデオロギー的対立とともに、イスラーム信仰のあり方、つまり純粋なイスラーム信仰を探求し、生活面や信仰実践においてもイスラームを強く志向する「サントリ」と呼ばれる人々と、ヒンドゥー・ジャワ的、あるいは土着信仰的な要素と入り混じったイスラーム信仰や生活実践をしている「アバンガン」と呼ばれる人々との間の文化潮流の違いがあったといわれる。そして「神を信じぬ輩」、つまりアバンガンである共産主義者に対するジハード(聖戦)としての側面などが指摘されている。しかし、そうしたイスラーム信仰をめぐる対立軸が明確に存在しないバリでは、いったい何が対立を煽ったのであろうか、その歴史的背景を整理していこう。

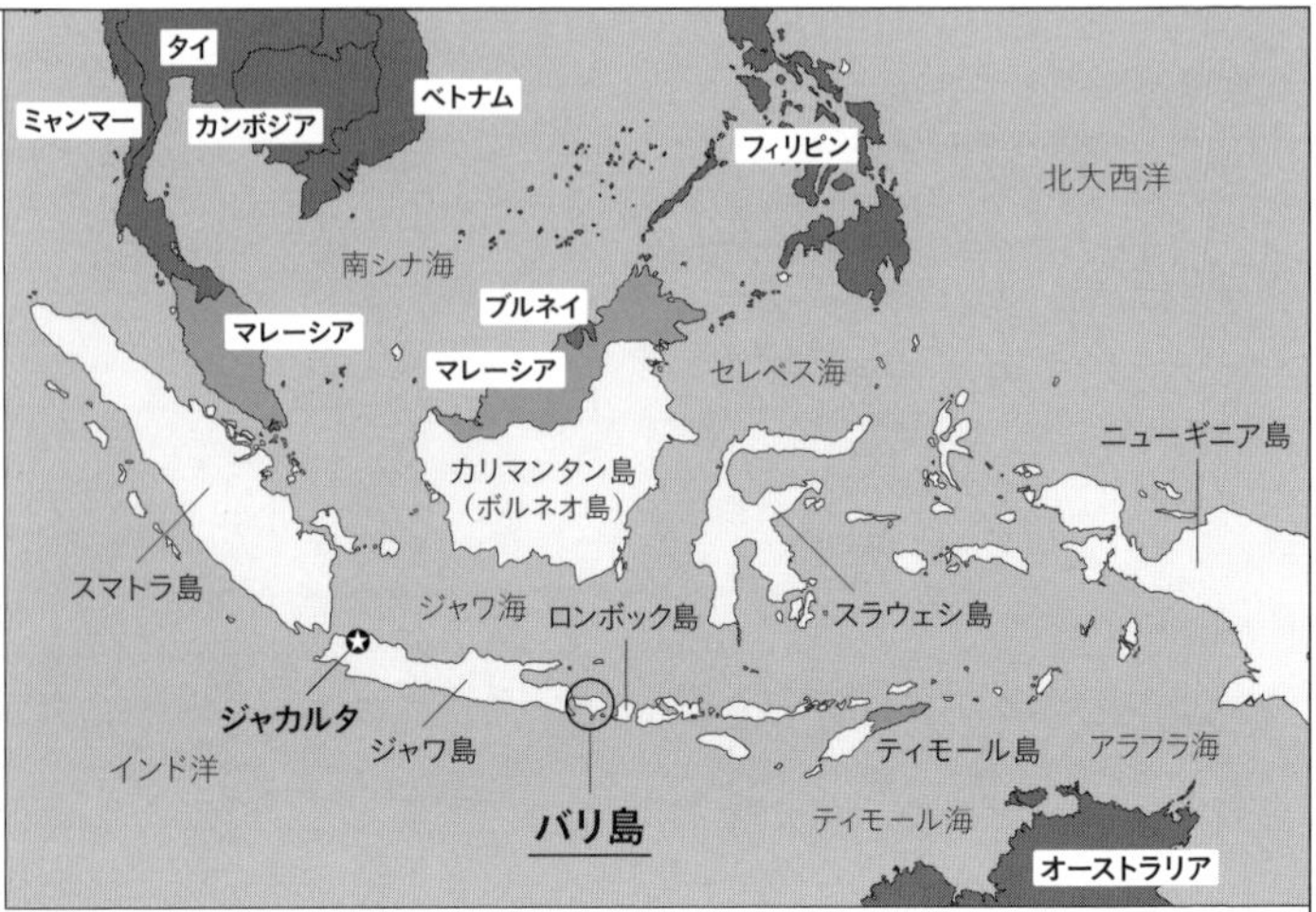

❶ ブレレン県
❷ ジェンブラナ県
❸ タバナン県
❹ バドゥン県
❺ ギアニャル県
❻ バンリ県
❼ クルンクン県
❽ カランアセム県

バリ島の8つの県は
かつての王国の領域を
引きついだものである

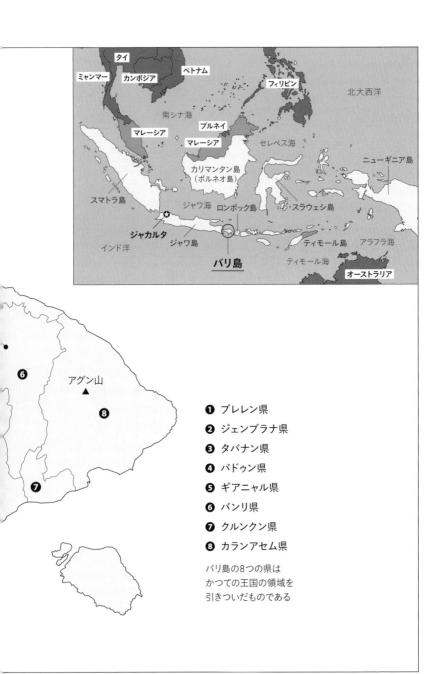

インドネシアおよびバリ島全図

ギルマヌック
バニュワンギ
ブリンビンサリ
シンガラジャ
キンタマニー
ムラヤ郡
ヌガラ郡
ムンドヨ郡
プクタタン郡
❶
❷
❸
❹
❺
チャンディ・クスマ
トゥエッド
ブラワンタンギ
テガル・チャンクリン
プニャリンガン
イエ・エンバン
マデウィ
プンゲラゴアン
タバナン
カパル
パンダン
デンパサル
クタ

バリとジャワは距離的には非常に近いが、まったく異なる歴史をたどっている。古代にインド文明の波を受けていったんヒンドゥー化されたのち、イスラーム化されたジャワと、イスラーム化されずにそのままヒンドゥーが残ったバリ、という宗教的文化的差異もさることながら、オランダによる植民地化の歴史も異なっている。すなわち一七世紀以降、ジャワをはじめとするインドネシアの他の多くの地域がオランダに植民地化されたのに対し、バリは長く独立を保ち、ようやく二〇世紀初めになって同国の支配下にはいったのである。バリ島は九つの王国に分かれ、一度も一つの統一的な権力の下に置かれたことはなかった。各王国は、自領内に複数の王宮《プリ》(puri)を持っており、そのいずれかからその時々の王《ラジャ》が選ばれていたが、ラジャの擁立はしばしば、そこに介入しようとする外部勢力に利用されることがあった。バリでは一九世紀末になって北部や西部の地域もオランダに平定され、最終的には一九〇八年に全域がオランダの支配下に置かれることになった。その時、デンパサル近くのバドゥン王国と東部バリのクルンクン王国では、敗北を悟った王族や貴族たちが、ププタンという古代からのしきたりを踏襲して死を選び、自らオランダ軍の銃弾に向かって進んでいき多くの犠牲者を出した。これはバリ民族の果敢な抵抗の歴史として彼らの誇りとなっている。

オランダはバリを、以東のロンボック、スンバ、スンバワ、フローレス、ティモールなど小スンダ列島の島々と一緒にまとめて小スンダ州とし、その首都をバリ島北海岸の港町シンガラジャにおいた。かつての九つの王国(一八九一年にうち一つはバドゥン王国に吸収され、八王国となった)の王族や貴族を統治機構内に取り込んで統治を行い、一九三八年にはこれらの旧王国に自治王侯領（Zelfbestuurlandschapen）というステータスが与えられた。ただしオランダによる統制の強弱は様々で、ブレレン、ジェンブラナ、バドゥン、タバナン、クルンクンでは直接統治が行われ、相対的に王国の権威は弱まった。一方、バンリ、ギアニャル、カランアセムでは間接統治が行われ、王国の権威は比較的温存された。いずれにしても第二次世界大戦で日本軍に倒される（一九四二年）まで、オランダの支配はわずか五〇年足らずであった。

日本軍は一九四二年三月にオランダの支配を打倒すると、その後三年五ヵ月間、かつてのオランダ領東インドの全域を占領し、軍政を敷いた。バリは陸軍が支配したジャワとは切り離され、海軍の統治下におかれ、資源の獲得という第一目的と平行して、住民に対する様々な教化活動が行われ、アジア民族として日本とともに欧米の支配と闘う精神を植え付けることが試みられた。

一九四五年八月に日本が敗れると、スカルノらナショナリストたちはジャカルタで独立を宣言する。その熱気は海峡を渡ってバリにも到来し、ここでも一時期インドネシア共和国の支配が確立された。そしてスカルノ大統領によって、ブレレンの王家出身のイ・グスティ・プジャ（I Gusti Puja）が、バリを含む小スンダ州の知事に任命された。しかし、ジャカルタの共和国政府に対するバリ人の意識は決して一様ではなく、各王国の社会内部の複雑な権力関係も反映して対立が絶えなかった。そして一九四六年三月二日、オランダ植民地軍（KNIL）が進駐してきて、インドネシア共和国が擁立したプジャ知事を逮捕し、知事の役所を占拠した。支配権を獲得したオランダは一九四六年一二月に、バリ島を含む小スンダ列島やスラウェシなどをひとくくりにすると、東インドネシア国(Negara Indonesia Timur)という傀儡政権を打ち立て、ジャカルタのスカルノ政権、すなわちインドネシア共和国と対峙させ、同国の大統領にウブッドの王家出身のチョコルデ・グデ・ラカ・スカワティ(Cokorde Gede Raka Sukawati)を、また首相にギアニャルのラジャのアナック・アグン・グデ・アグン(Anak Agung Gede Agung)を任命した。

山岳地帯に立てこもってオランダとの戦闘を展開していた共和国派のゲリラは、一九四六年末までにはオランダ植民地軍によって退却させられた。とはいえ、「プムダ(青年)」あるいは「ヴェテラン(独立運動の闘士)」と総称される共和国支持派の青年たちも、各地に潜んで根強く地道な抵抗を続けていた。それぞれの王国内部でも温度差があり、王権を取っている方のプリはオランダとの協力を選び、取っていない方のプリが共和国側を支持する傾向がみられたという。ただし、ジェンブラナだけは、支配権を取っていた方のヌガラの王家が共和国支持派だった(Robinson 1995: 105)。

ヌガラは、もともとコスモポリタンな雰囲気が強く、インドネシアという大きな一体感に包み込まれたナショナリズムを受け入れる素地があった。またここのラジャはもはや大土地を所有する封建君主としての強い権力を保持していなかった。一般に高い教育を受けたラジャは共和国を支持する傾向があり、ジェンブラナのラジャはその典型であった(Robinson 1995: 106)。また豊かな稲作地帯ほど共和国派のレジスタンスが強く、ジェンブラナもコメの余剰地域の一つであったという(Robinson 1995: 110)。のちにオランダから主権が移譲された後、一九五〇~六五年頃にバリ政治の表舞台に出てくる人々の多くは、この共和国派の元ゲリラたちである。

独立をめぐる交渉や戦闘の末、一九四九年一二月、ハーグ円卓会議でインドネシア共和国とオランダの間に停戦協定が締結され、オランダによってインドネシア各地につくられていた傀儡政権とインドネシア共和国が合併して連邦国家を形成し、そこに対してオランダが主権委譲することで最終的な合意に達した。そしてオランダは、イリアン（ニューギニア島西部）を除くオランダ領東インドのすべての地域から引き揚げることを決めた。ただしオランダの経済権益はそのまま認められることになり、一九五七年から五八年にかけてにインドネシア側が強制的に国有化するまでインドネシア経済はオランダに掌握され続ける。

東インドネシア国も連邦国家に参加したが、主権移譲後まもなく、インドネシア共和国政府主導の下、連邦を構成するすべての国家は解消され、単一の共和国の下にまとめられることになったため、バリもインドネシア共和国の一部へと組み込まれた。しかし、この時それまでオランダに協力していた東インドネシア国側の人々と、共和国を支持してゲリラ闘争を続けていた人々（プムダ）との間に確執が残り、バリでは、一九五〇年だけで約五〇〇〇名の親オランダ派の人々が殺害されたという。旧支配階層やオランダ協力者たちの多くはスカルノによって行政権力から遠ざけられたものの、すべてパージされたわけではなく、一部は共和国の政治の舞台に引き上げられて活動を続けた。たとえば東インドネシア国首相だったアナック・アグン・グデ・アグンはインドネシア社会党（Partai Sosialis Indonesia　以下ＰＳＩと略記）に入党し、以後も中央政界で大きな政治力を維持し続けた。いずれにせよ、旧オランダ協力派と共和国派の対立という経歴が、バリ社会に潜在する亀裂のひとつの源となっていた。

インドネシア共和国のなかで、オランダ統治時代と同様バリは以東のロンボック、スンバ、スンバワ、フローレス、ティモールなどの島々とともに小スンダ州を形成し、初代州知事には、PNIのスサント・ティルトプロジョ(Susanto Tirtoprodjo)がスカルノによって選ばれた。次の知事サルミン・レクソディハルジョ(Sarmin Reksodihardjo 任期：一九五二〜五七年)も同じPNIに所属する政治家だった。そしてバリの地区長官(kepala daerah)には、ヌガラのラジャの息子で、独立戦争期には共和国派の闘士の一人であった若干二七歳のアナック・アグン・バグス・ステジャが任命された。[★1] ステジャは旧支配層の出身でありながら、革命期には共和国側の青年組織に身を投じて闘った、元「プムダ」としてスカルノの信頼が厚かったのである。

では、共和国の統治下にまとめられたのち、一九六五年に九・三〇事件が発生するまでの約一五年間、バリではどのような政治的な展開があったのだろうか。一九六五年以前のインドネシアの政治は、「指導される民主主義」や「ナサコム」構想に基づき、強固な指導者(スカルノ)の下できわめて特殊な〝民主主義〟が実践されており、その枠内で政党や国軍など複数の政治アクターが活動していた。そのなかで全国的な広がりを持ったのは、PNI、PKI、そしてイスラーム組織NUであった。後述するように九・三〇事件を契機とする一連の暴力行為は、国軍が、政党間の、具体的にはPNIとPKIの間の積年の対立を巧みに利用し、後者を一掃していったものであった。つまり事件の根底には、独立革命時代から持ち越された旧支配階層やオランダ協力者たちとの溝に加えて、この二大政党間の対立があったのである。さらに本書が主に扱うジェンブラナの事例においては、例外的にPNIだけでなく、NUも共産主義者の一掃（逮捕・殺戮）に手を貸すという構図が明確にみられた。つまり、ヒンドゥー教徒が人口の多数を占めるバリにおいて、ジェンブラナではイスラーム勢力も事件に大きな役割を果たしていたのである。次に、PNIとPKIという二つの政党がスカルノ政権下のバリにおいて、どのように絡み合い、どのように対立関係にあったのかを、歴史的に解明してみよう。

3　バリの政治アクター――国民党（PNI）vs. 共産党（PKI）

バリにおいて、オランダからの主権委譲当初からもっとも確固たる地位を築いていた政治アクターはPNIである。同党は、一九二七年にオランダ植民地支配に対する抵抗組織として、スカルノによって創設されたという歴史的起源をもっており、独立後再建されて以降は、大統領自身は党員ではなかったものの、スカルノの政党と見られることが多かった。スカルノ大統領がバリの血を受けているることも[★2]

あって、バリ島では心情的に親スカルノ的な空気が強く、そのこともこの党の優勢に影響していたのかもしれない。同党はバリにおいては資本家層、官僚機構、大土地所有者、貴族などの間に支持者を抱えており、議会、ならびに行政府の補佐機関である行政執行評議会(Badan Pemerintahan Harian 以下、BPHと略記)を握っていた(Robinson 1995: 214)。PNIは、一九五五年の第一回総選挙では、バリ全域で五一・七七パーセントの得票率を獲得し、第一党の地位をえた(Adhana & Wirawan 2012: 368)。

前述のように小スンダ州の初代(一九五〇〜五二年)と二代目の知事(一九五二〜五七年)がともにPNIから選ばれたため、政府の役人、とりわけ公共事業省などの重要なポストはPNI系が握るようになっていった(Robinson 1995: 205-206)。PNIは封建主義的なものに反対であった。たとえば一九五七年に、元の王国を行政の中にどう位置付けるかが問題となったとき、ギアニャル(県)のラジャやPSIのリーダーたちは、地元の王家の長であるスルタンが州知事を兼ねるという特例を認めたジョクジャカルタと同じステータスで、特別区として地域王室制度を存続させることを求め、それにより、封建勢力がひき続き首長のポストを掌握することを目指したが、PNIはこれに強く反対した(Robinson 1995: 205, 207)。

一九五五年の総選挙で、PNIに次ぐ第二党となったのはPSIで、三〇・一五パーセントを獲得した。PSIはジャワでは取るに足らない勢力であったが、先述したように東インドネシア国の首相を務めた親オランダ派の知識人アナック・アグン・グデ・アグンが入党したため多くの支持者を獲得したといわれ、特にバドゥンとタバナンという、デンパサルに近い二つの県で第一党となった(Adhana & Wirawan 2012: 368)。しかし一九六〇年八月、PSIはスマトラやスラウェシでの反政府反乱(プルメスタ)に加担したとして、イスラーム系のマシュミ党とともに活動を禁止された。

PSIが姿を消したことで、PKIの存在は重要性を増すこととなった。PKIは、民族主義者との共闘路線を取っていたため、ジャワ島などでは非常に大きな勢力を持ち、一九五五年の選挙では全国で一六・四パーセントの得票を得ていたが、バリ島ではわずか七・八七パーセントにとどまり、当初の影響力は限られていた(Adhana & Wirawan 2012: 368)。それは同党が独立戦争時代、オランダ協力者や封建的な権力者たちとは妥協せず、厳しい態度を取り続けていたためであるといわれている(Robinson 1995: 209)。しかしPKIは一九六〇年代に入るとPSIに代わって急速に支持者を拡大し、PNIと並ぶ二大政党となって二極対立の構造が明確になってきた。

二つの政党の対立が大きく表面化するようになった最初の契機は、一九五九年にバリが独立した州都なったときの初代知事選出に際してであった。前述のように、この年までバリは、以東のスンダ列島の島々とともに、小スンダ州の一部に組み込まれていたが、それぞれがバリ州(首都は当初、北海岸のシンガラジャであったが、翌年には現在のデンパサルへ移転)、西ヌサンタラ州(NTB)、東ヌサンタラ州(NTT)として独立することになったのである。あらたに独立した州には、それまでの地区長官のポストに代わり、知事(guburnur)が置かれることになった。そこで議会がバリ州知事候補者の選挙を行ったところ、州議会の決議ではＰＮＩのイ・ニョマン・マンティック(I Nyoman Mantik)[★3]が最多の票を獲得した。しかし、スカルノはこの決定を覆し、それまでバリの地区長官だったステジャを初代のバリ州知事として続投させることに決めたのである。このことは後々大きな意味を持つことになる。

ステジャはどの党にも属していなかったが、その政治的スタンスはＰＫＩに近いと思われていた。スカルノは、州知事選出にあたり、一九五五年の総選挙に基づいて構成された地方議会はもはや世論を反映していないとして(Robinson 1995: 213)、議会の決定を覆す強硬な措置に出たのであった。この人選は当然マンティックの出身政党であるＰＮＩの大きな不満を呼び起こし、知事になったステジャはこれ以後、ことあるごとにＰＫＩと同一視されて批判にさらされ、バリの政治に大きな亀裂と対立をもたらすことになった。すなわち、これを契機にマンティックの率いるＰＮＩと、ステジャおよびその背後にいるとみなされたＰＫＩとの確執は始まったのである。

ただし、そうは言ってもＰＮＩは議会の多数派であり、行政の補佐役であるＢＰＨにも多くのメンバーを出すなど、当初は圧倒的な地位を築いていた。もともとスカルノに近い政党というイメージもあり、ステジャとの関係はともかく、スカルノと正面から対決することは避けていた。

一九五九年七月の大統領布告をもって、大統領に強力な権限を与えている一九四五年憲法に復帰し、大統領が首相を兼務するという、いわゆる「指導される民主主義」制度が採択されると、バリでもスカルノの影響力はさらに強化された。一九六〇年には一九五五年総選挙で選ばれた議会が解散され、任命制の議員によるゴトンロヨン議会が誕生するが、それに伴って地方議会も再編されると、バリのPNI勢力は大幅に弱体化する。議会では政党だけでなく、各種の職能団体（golongan karya）にも議席が割り当てられることになり、そもそも政党の存在感が小さくなってしまった。政党には全三〇議席中一三議席が割り当てられたが、その内訳はPNIに七議席、その他の政党や組織（PKI、パルティンド党［Partindo 民族主義政党］、NU）に合計六議席であった。また職能団体に与えられた一七議席中（Robinson 1995: 215によれば一六議席）、PNI系の人物が獲得できたのはわずか四議席であった。すなわち三〇議席中、PNIは一一議席しか確保できず、それまでの過半数を割りこむことになったのである。しかもこの新しい議会制度では、知事が議長を兼任することになっていた。そしてPNIはかろうじて副議長のポストにプトゥ・メルタ（Putu Merta）を押し込むのが精一杯であった（Lane 2010: 70）。

一九六〇年代に入り、スカルノが徐々に左傾化し、PKIを取り込んで「民族主義・共産主義・宗教」の三位一体を基礎とする国家統治の基本原則（ナサコム）を推進するようになると、PNIはいっそう危機感を強め、ナサコムに対して対抗的なスタンスをとるようになったといわれる（Robinson 1995: 208-209）。従来、ナサコム体制はPNI、PKI、NUの三者のバランスの上に立って進められるもので、PNIもその重要な一端を担うものであったが、PKIに同等の役割が与えられたことに、彼らは不満と危機感を抱いたのである。建国の父スカルノを表立って攻撃するものはいなかったが、不満はステジャに対する批判のようなかたちで表出していた。

ステジャは最後までPKIに入党したことはなく、あくまでスカルノ主義者としての立場を通したが、しかし現実には、スカルノの左傾化と共に彼も左傾化し、明らかにPNIよりはPKIを、また文化活動においてはLKN(Lembaga Kesenian Nasional PNI系の文化団体)よりはLEKRA(Lembaga Kebudayaan Rakyat PKI系の文化団体レクラ)を重視していた。たとえば、一九六三年にバリで開催されたアジア・アフリカ作家連盟の幹部会議に際しては、PKIとレクラを現地の実行委員会として指名している(Selamat Trisila: 117)。このようなステジャのPKI偏重が、のちにみていくように一九六六年の拉致、失踪へとつながることになった。

なお、これ以降もPNIの勢力減退とPKIの隆盛は続き、一九六五年五月には中央政府の要請で州レベルのBPHの定員変更が行われたことにより、PNI関係者の影響力がさらに減退した。BPHメンバーは三人から六人に増員されたが、ステジャ知事は増員の中にPNIを一名も選ばなかったのである。またバリ州内の八県の合計では、BPHメンバー四〇人のうちPNIは二二人、一方のPKIは一二人で、同じくPKI寄りの民族主義政党パルティンド党とあわせると一七人にのぼった。なかでもPNIの退潮が最も顕著だったのはジェンブラナ県で、定員五名中、PNIが二名、PKIも二名、そしてNUが一席を与えられた(Robinson 1995: 215-216)。

このような状況に対処するため、PNIは直接民衆に接近して大衆動員する政策への依存度を高めざるをえなくなったとロビンソンは言う(Robinson 1995: 215)。そしてその一環としてこの頃、それまで南スラウェシ州の州都マカッサルで活動していたPNIの幹部ウェダストラ・スヤサが、マンティック（PNIバリ第二副支部長）の命令で呼び戻され、PNIバリ支部の第三副支部長に就任した(Lane 2010: 74)。PNIはこれ以降、ウェダストラ・スヤサのもとで大衆動員路線を取り始めるが、彼は一対一で直接民衆に向かい合う戦術を展開し、バリの村落部でのPNIの党勢拡大に貢献した。その結果、もともと村落の農民たちを主たる支持層としていたPKIとの間に直接的な利害対立が起こるようになり、対立が住民レベルで明らかになっていくのである。

註

★1——一九五一年にバリ地区の行政長官を選出する際、当時のバリ議会は、ステジャと並んで、クルンクンの王家出身のPNI政治家であったチョコルダ・アノムも推薦したが、スカルノがステジャを選んだという経緯があり(Slamat Trisila: 122-123)、このこともステジャに対するPNIの反感の根となったものと思われる。

★2——スカルノの母は、バリの北海岸ブレレン県バレ・アグン出身のバリ人で、ジャワ人である父親がその地で教師をしていた時に結婚した。

★3——マンティックは革命期の多くをジョクジャカルタで過ごし、その地のバリ連絡事務所に勤めていた。彼はPNIの右派に属し、一九六五年以降の新体制確立期には、PNIのスカルノ色を払拭することに務め、スハルト政権に協力した(Robinson 1995: 207 note 91)。

第2章　ジェンブラナの地方政治

1　移民の地ジェンブラナ

本書の舞台となるジェンブラナ県は、バリの中でも他の県といくぶん性格を異にしている。ジェンブラナ県は一七世紀にイ・グスティ・グラ・ジェンブラナ王が創設した王国を基本単位として編成されたという点は他の県と同じであった。領域内にプリ・ヌガラとプリ・ジェンブラナという二つの王家が並存し、一九六五年当時は前者が王位に就いていた。この地が特異であったのは、人口が少なく未開墾地が多かったため、オランダ植民地時代から伝統的に、バリの他の地方からの流刑者や移民、つまりよそ者が流入してくることが多かったということである。同じヒンドゥー教徒であっても異なる王国のもとでは異なる慣習に基づいてコミュニティが形成されている。他の王国から移住してきた異なる集団が、

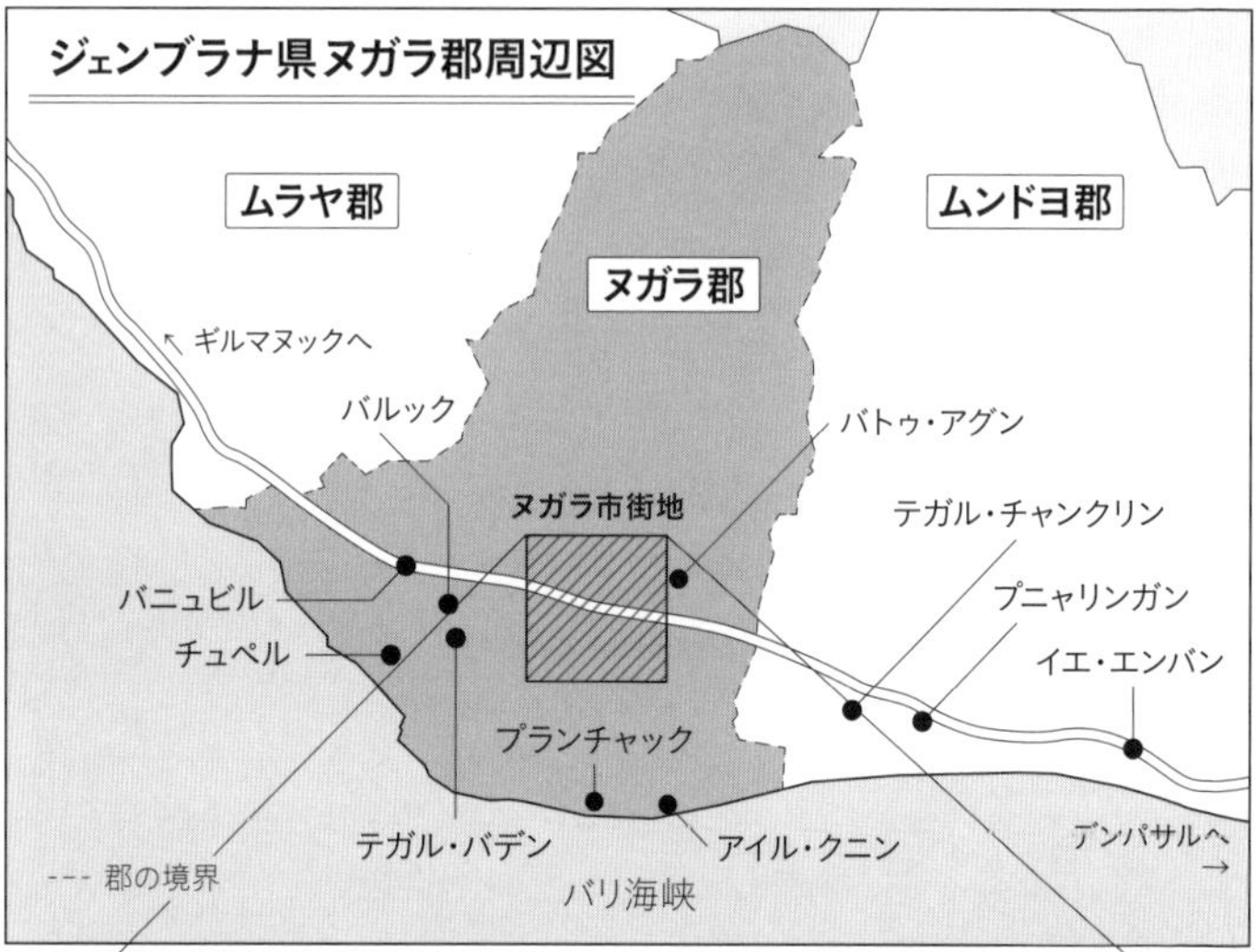
ジェンブラナ県ヌガラ郡周辺図
ムラヤ郡
ムンドヨ郡
ヌガラ郡
↖ ギルマヌックへ
バルック
バトゥ・アグン
ヌガラ市街地
テガル・チャンクリン
プニャリンガン
バニュビル
チュペル
イエ・エンバン
プランチャック
テガル・バデン
アイル・クニン
デンパサルへ →
--- 郡の境界
バリ海峡

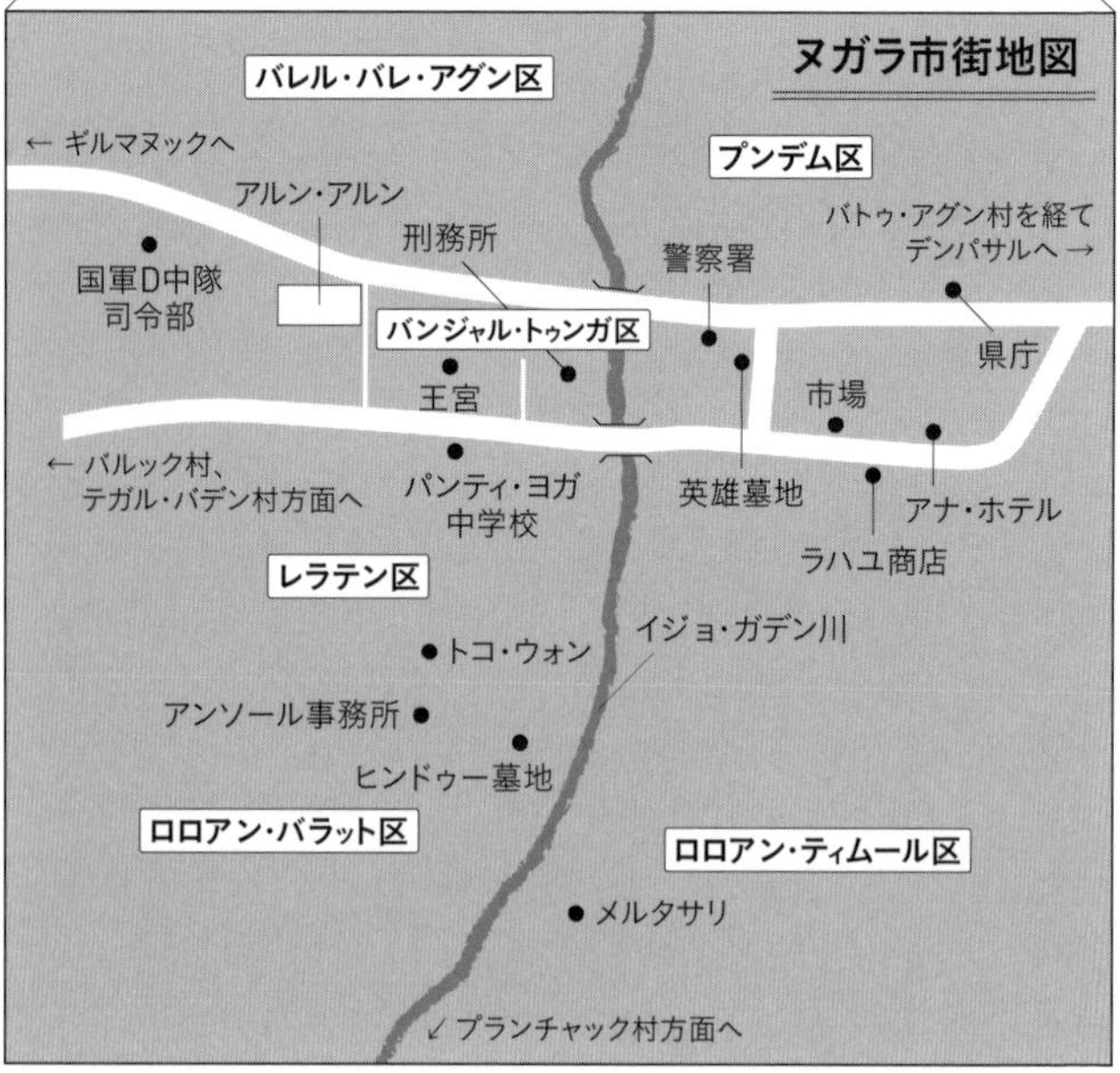
ヌガラ市街地図
バレル・バレ・アグン区
← ギルマヌックへ
プンデム区
アルン・アルン
刑務所
バトゥ・アグン村を経て
デンパサルへ →
警察署
国軍D中隊
司令部
バンジャル・トゥンガ区
県庁
市場
王宮
← バルック村、
テガル・バデン村方面へ
パンティ・ヨガ
中学校
英雄墓地
アナ・ホテル
ラハユ商店
レラテン区
イジョ・ガデン川
トコ・ウォン
アンソール事務所
ヒンドゥー墓地
ロロアン・バラット区
ロロアン・ティムール区
メルタサリ
↙ プランチャック村方面へ

ジェンブラナでは一つの行政村（デサと呼ばれる）内に共存していることがあるのだ。かくして、この県は、異なる慣習法や、場合によっては異なる宗教を持った人々を集団的に受け入れることで、新しい土地を開墾し、領域を拡大してきたのである。

異質な社会集団の共存の事例として、ジェンブラナ県下にはキリスト教徒のコミュニティも見られる。ペクタタン郡のグムリ村はカトリック教徒の人口が非常に多く、街道沿いには大きな教会が建てられている。また、ヌガラの西方には、カトリックの村とプロテスタントの村があり、バリ島全体で見ても同宗派の大きな拠点になっている。とはいえ一般的には、異質の集団が村より下の単位であるバンジャルにまで割り込むことは少ない。バンジャルは、同じ慣習に基づく集団を単位としており、同一性を保持している。

さらに次章で見ていくように、ジェンブラナはバリ島内で最も多くのムスリムを抱えている県であり、常日頃は仲良く共存しているが、動乱期にはそれが政治的・社会的対立の潜在的要因の一つになっていることは否定できない。

異なる複数の慣習グループが共存しているということは、絶対的な権威というものが確立されていないということでもある。故にカーストの高い者が土地を持たず貧しく、低い者が土地所有者で経済的に豊かというような逆転現象も見られた（Mary Ida Bagus 2012: 211）。

県庁所在地であるヌガラの、現在旧市街（kota lama）と呼ばれる地域は、一六七九年に創設された。九・

表1　1995年の総選挙での得票率

	インドネシア国民党（PNI）	インドネシア共産党（PKI）	インドネシア社会党（PSI）	その他
ジェンブラナ	56.0%	21.5%	0.3%	22.2%
バリ全体	51.4%	7.9%	30.6%	10.2%

出典：Robinson 1995: 196 Table 6

三〇事件当時市街地は、ロロアン・バラット（西ロロアン）、ロロアン・ティムール（東ロロアン）、バンジャル・トゥンガ、バレ・アグン、プンデム、レラテンの六つの「区（kelurahan）」から構成されていたが、行政的には独立した単位となっておらず、周辺の一六の村を合わせた広大なヌガラ郡（kecamatan Negara）の一部であった。それらの村の中には虐殺のきっかけとなった事件が発生したテガル・バデン村や、虐殺が猛威を振るったバルック村などもあり、それらはヌガラ郡の南西部に位置していた。ヌガラ郡の面積は二二〇平方キロメートルに及び、事件当時は人口五万数千人程度であった。[★1]スラウェシ島の有力民族であったブギス人や島嶼部に居住したムラユ人たちが、この町のことをマレー語でNegariと呼んだことから、ヌガラという名称が使われるようになったといわれる（Putu Parwata 1994:19）。本書におけるジェンブラナ事件の記述の大部分は、ヌガラ市街地を含むヌガラ郡に集中している。

ジェンブラナの、独立後の政治地図は、バリ全体のそれとは幾分趣を異にしている。大まかな政党の勢力図として、一九五五年の総選挙におけるジェンブラナ県議会選挙の得票率（表1参照）を一見し、バリ全体の構図とどのような点で一致し、どのような点で異なっていたのかを見てみよう。

ジェンブラナでもバリ全体でもPNIが最も高い得票を得て第一党となっている。しかし、それ以外の点で、ジェンブラナはバリ全体とかなり異なる様相を見せている。たとえばインドネシア全域では弱小政党にすぎないPSIがバリ全体では二番目に強い勢力となったが、ジェンブラナで同党はほとんど票を獲得していない。一方のPKIはバリ全体での得票率は七・九パーセントと低調であったが、ジェンブラナでは二一・五パーセントの票を獲得している。ちなみにPKIはインドネシア全国では一六・四パーセント獲得して第四党になっていたが、ジェンブラナの得票率はそれを大きく上まわる。ジェンブラナにおいてPKIが早い時期から優勢を誇っていた理由としてロビンソンは、一九五〇年代初めに共和国に編入された当初から、居並ぶ王《ラジャ》たちのなかでジェンブラナのラジャだけが、政治的には中立を表明しながらもPKIに対しなんらかのシンパシーを見せていたことと無関係ではない、と分析している(Robinson 1995: 209)。ともかくジェンブラナでは、バリ全体の構図より、むしろ幾分ジャワに近い勢力関係が見られたのであった。そして最終的には、ここでもPKIとPNIが覇権を競うようになり、双方のリーダーが都市部よりもその居住地である村の拠点を中心に、地域住民を取り込みながら勢力を拡大していった。

2 草の根で競い合う大衆動員

ではジェンブラナで展開されたＰＮＩとＰＫＩの対立を、村落レベルにおける大衆動員という観点から具体的に概観してみよう。その前に、バリの地方行政組織や住民の生活共同体について基本的な説明をしておきたい。バリの村（デサ）は、行政単位（デサ・ディナス）であると同時に、慣習法に基づき儀礼や宗教を同じくする共同体（デサ・アダット）としての側面も備えており、その双方を代表する二人の長が別個に並存し、それぞれの役割を行使していた。一九六五年当時、デサ・ディナスの長は、プルベケル（perbekel）と呼ばれ、住民の選挙によって選ばれていた。デサ内には、慣習、儀礼、宗教行事や経済活動（とりわけ農業）の実践のための小さな単位（生活共同体）として、バンジャルという伝統的な集落が複数存在した。★2 これは現在のインドネシアの行政制度では「ドゥスン」に相当するものである。それは当時のバリにおいても最末端の行政単位としても認知されており、バンジャルには行政面を司る業務と、慣習面を司る業務の双方があった。そしてそこにはそれぞれの長（クリアン・ディナスとクリアン・アダット）が存在していたが、当時バリでは一人の人間が双方を兼ねる場合も多かったという（Warren 1991: 216）。現実にはもっぱら慣習的な儀礼や祭礼を司る単位、つまり慣習村としての側面がより重要であった。この伝統的な集落は慣習に基づく様々な掟をもっており、その寄り合いにおいては原則として参加者全員の平等や、全会一致の原理などが貫かれていた。

本書において単に「バンジャル」という時、それは行政面と慣習面の双方を意味するものとして使っている。ただし「コミュニティ（共同体）」という表現をするときには行政単位としての一般的な近隣の住居空間ではなく、文化的、宗教的、社会的、経済的に幾重にも絡まりあった、バンジャルの共同体としての側面を念頭に置いている。

そうした慣習的文化的な紐帯を強く残し、少なくとも建前上は調和的な空間に、競争や対立をあらわにした政党が入り込み、そこを政治の舞台としていったのである。

ＰＫＩは一九六〇年代になると、中央での勢力拡大と並行してさらに強力になり、ジェンブラナにおいてもＰＫＩとＰＮＩの二極対立は際立ってきた。この時期の両政党の勢力争いは、グラスルーツの住民の大規模動員を目指しており、その主たる舞台は村落社会であった。

村落に浸透していくに際しては、まず党指導者が何らかの既存の絆をもっている村を中心に、そこの人間関係を基盤としていくことが考えられた。ジェンブラナ県では、ＰＫＩジェンブラナ支部長であったヌガラ出身のアナック・アグン・デニア（Anak Agung Denia 以下、アグン・デニアと略記）と、ムンドヨ郡プニャリンガン村出身のＰＮＩバリ第三副支部長のウェダストラ・スヤサの存在が大きな意味を持っていた。

アグン・デニアは当時のラジャの甥、つまりステジャ知事の従弟にあたる人物で、封建エリート勢力の出身であった。[★3] 王家の血筋の者が共産党のリーダーになるということは一見奇妙な印象を受けるが、当時のバリではさほど不思議なことではなかったようである。例えばクルンクンの僧侶階級や王族たちが、無神論者であるはずのPKIを支持したという記述もある（Warren 1991: 275）。アグン・デニアは、デンパサルの師範学校卒業後、ギアニャル県で教えていたが、やがて故郷のヌガラに戻り、小学校長を務めた。その間政治活動にも従事し、まずジェンブラナの人民青年団の団長に選ばれ、その後PKIの支部長になった。同じく教員であった妻はPKI傘下の婦人団体ゲルワニで活躍していた。アグン・デニアは、イスラーム政党であるマシュミ党が中央政府の方針で解散を余儀なくされたため、それに代って、県知事（ブパティ）の日々の執務を補佐する行政執行評議会（BPH）のメンバーに抜擢され、行政に大きな影響力を持つようになった。非常に個性の強いキャラクターの持ち主で、アグレッシブ、かつ横柄だったという評価が多い。[★4]

一方ウェダストラ・スヤサは、コプラ（ココ椰子の実）の売買で財を築いた、裕福な商人の息子であった。彼は村の中学を出てバリ島北海岸のシンガラジャの高校へ進み、その後、スラウェシ島のマカッサルで教育を受けた。そして、革命期にはマカッサルで学生勢力のリーダーとして名を馳せた。その後バリにもどり、PNIバリ第二副支部長のマンティックと同じく「プムダ」として共和国側で闘った経歴を持っていた。その頃からのPNI幹部であったウェダストラ・スヤサは、一九五九年にスカルノがステジャを知事に任命したことに大反対して不満を抱え、再びマカッサルへ移ってイリアン解放闘争に関わっていたのであった。

ＰＫＩは、アグン・デニアの妻の実家があり、実際彼らの居住地でもあったムンドヨ郡テガル・チャンクリン村を根拠地とし、一方ＰＮＩは、マカッサルから呼び戻されたウェダストラ・スヤサの出身地である、同じくムンドヨ郡のプニャリンガン村を根拠地としており、この両地が激しく対立した。[★5] この二つの村は隣接しており、ヌガラからデンパサル方面へ二〇キロメートルほどいった街道沿いの農業地帯である。

幅広いサポートを獲得するために、双方のリーダーは村々をとびまわって農民たちと会合を持った。村落で何らかのイベントや宗教儀礼があるたび、双方のリーダーがかけつけて住民の関心を引こうとした。また、どの村にもそれぞれのランティン（ranting 文字通りの意味は「枝葉」であり、支部よりも小さな単位を指す）を設立しようと競い合い、毎晩のようにどこかの村で支部結成式《プランティカン》（pelantikan）が華々しく行われた。それは各党の勢力誇示の場であり、支持者獲得の機会でもあった。そして相手方の結成式を阻止するために、投石したり、道路を破壊して通行を妨害したり、あらゆる策略を行使した。敵対する党の結成式へ乗り込んで故意に籠から蛇を放って混乱させたと証言する者もいる（マユンとのインタビュー）。

あるときＰＮＩの牙城であるプニャリンガン村内で、ＰＫＩが支部結成式を行おうとした。この村にＰＫＩ支持者は三人しかいなかったが、だからこそシンボリックに支部をスタートさせることが重要だったのであろう。これに対してプニャリンガン村長が難色を示す。緊迫した情勢について報告を受けた県知事が現地へ赴き、政党のランティンの結成式に行政当局の許可は不要で、警察へ事前に届け出さえすればよいことを説明したが、PNIの群衆は受け入れようとしなかった。そのときPNI側の警備のためその場に居合わせたある村人によれば、PKI側は死体を運ぶためのペパガと呼ばれる竹の担架を運んできて、あたかも「PKIに入らないと殺すことも辞さない」と脅しているかのようだったという。

騒動の報告を受けて県知事は任命式の場所を隣村(PKIの牙城であるテガル・チャンクリン)に移し、村の境ぎりぎりのところで開催するよう提案したが、これはPKIの県支部長アグン・デニアが受け入れなかった。仲裁は不調に終わり、県知事は事態を警察に委ねて自宅に戻ったが、双方の板挟みとなってまったく力を発揮できなかったことに、非常な無力感を味わったようである(Jelantik & Suarja 2007: 117)。

このような政党の催しものに際してPKIは、ワヤン(影絵劇)、ジェゴック(打楽器を中心とする伝統楽器を使ったガムランに類似したアンサンブル)、クトプラ(大衆演劇)その他の芸能を上演して人々を集め、そこに集まって来た人々に記帳させ、それを持って入党手続きとすることもしばしばあった。深い意味を考えずに、娯楽に参加しただけで「党員」にされてしまった人々は、のちにそれが自分たちの命取りになるとは考えてもみなかったのである。

PKIとPNIの対立を煽ったもう一つの象徴的なものは、国家の記念日などにそれぞれの青年グループが持っているドラム・バンドを競いあうことだった。娯楽が少なかった当時、青年たちの楽しみの一つはドラム・バンドの組織化であった。どのような団体も自分たちのバンドを結成して、行事の際には演奏しながら市中を行進するのだった。当然、政治団体や学生団体も自分たちのドラム・バンドを作って互いに勢いを競っていた。それは組織がどれほどの支持を集めているか、また動員力を持つかなどを如実に示すバロメーターでもあった。これに関しては後述する弱小勢力のアンソール(イスラーム組織NUの青年団組織)も負けずに存在感を示していた。アンソールのヌガラ支部(ranting)は、ジョロ・トーレ(Jolo Tole)という名のドラム・バンドを持っていたが、その歴史は古く、ヌガラの町に登場した初めてのドラム・バンドだったという[★6](Adnan: 12)。

村の寺院で取り行われるピオダランの祭礼さえ政治紛争の種となった[★7]。たとえばPKIの牙城でアグン・デニア支部長の居住地であったテガル・チャンクリンでは、村の寺院がピオダランを終えていたにも関わらず、PKIを支持する大衆が、それはPNIが実行したものだとして満足しなかった。そしてPKIがイニシャティブを取ってもう一度祭礼を執り行ったのである。そのようなことは他の村でもしばしば起こった(Jelantik & Suarja 2007: 126)。

一九六五年の事件前夜には、緊張はかなりの高まりを見せており、対立は時に暴力を伴う抗争にまで発展した。相手の党の会合に乗り込み、刀を振りかざして嫌がらせをする、というのはよく見る光景だったとメアリ・イダ・バグスは述べている(Ida Bagus 2012: 213)。またヌガラの東方にあるムンドヨ郡のイエ・エンバン(Yeh Embang)村のある教師から筆者が聞いた話によれば、ある日、彼の学校でPNI

シンパの生徒とＰＫＩシンパの生徒が対立し、刃物を持って喧嘩をしたことがあった。そのときはＰＫＩシンパの生徒が負けて逃げたが、その夜、村のＰＮＩの長老の家で手りゅう弾が爆発する事件が起こった（同氏とのインタビュー）。ＰＫＩの民兵は、村人の家に行って竹で編んだ家の壁を刀で切り落とし、住民が怖がって外へ出てくると、ＰＫＩの集会に参加するよう仕向けるということもあった（Mary Ida Bagus 2012: 213）。

ＰＮＩはＰＫＩの妨害に対抗するため、村落ごとにタメン・マルハエニス（Tameng Marhaenis）[★8]という自衛組織を結成した。

関係者の手記や筆者による聞き取りから見る限り、二大政党は、日常生活の中の主導権争いを通じて信奉者を集めており、その際、党のイデオロギーは二の次になっていたようである。文化人類学者のウォレンも、バリの政治対立は権力へのアクセスを求めての対立であり、それは時として親族集団間や作業グループ間、バンジャル間や、パトロンクライアント・ネットワーク間の潜在的な対立に沿って進み、それを強化することを試みたために激烈になったと述べている（Warren 1989: 43）。

ただし、イデオロギー的な教化活動が全くなされていなかったわけではない。ウェダストラ・スヤサは一九六三年から翌年にかけて、各地の村々で政治イデオロギー、リーダーシップ、党の事務運営、社会問題の調査、武道などを含むマルハエニス幹部教育（Latihan Kader Marhaenis）を実施し、毎回八〇～一〇〇名の幹部を育成した(Lane 2010: 76-77)。一方ＰＫＩは、農村部における七つの悪魔として、「地主」、「高利貸」、「青田買い業者」、「資本家と官僚」、「悪徳商人」、「悪質な集荷仲買業者」、「盗賊」に対する批判を展開していた。そしてヌガラに人民大学を開設して教化活動を行った。これは特にキャンパスを持たず、人民の政治教育のためのプログラムであった(Jelantik & Suarja 2007: 131-132)。

しかし村落における実際の動員活動において、そのような教化活動やイデオロギー的な攻防が重要課題とされていた形跡はあまりない。ＰＮＩもＰＫＩも共に、社会主義的なまた人民主義的な基礎綱領の上に立っており、ＰＮＩのマルハエニズムとＰＫＩのコミュニズムとの間のイデオロギー的な違いはかなりあいまいだった。ウォレンはカーストの特権をめぐってＰＮＩもＰＫＩもその目指すところにほとんど違いはなかったと述べている(Warren 1993: 274)。つまりＰＫＩは、かならずしも無産政党としての性格を表に出さず、階級差異を助長するような論点は避けて、そのかわり富める者も貧しい者もともに利益を得るような社会改革を提唱した(Warren 1993: 275)。階級よりも慣習や文化的な基盤が重視され、支持者のリクルートも階級による分割に沿ってではなく、垂直的な上下の関係によって行われていた。つまり階級性を曖昧にして、ＰＮＩとのイデオロギー的な差異も不明確なまま、農民たちを集団的に動員したのである。結果的に、幅広い人たちの間で受け入れられやすくなった一方、代償としてＰＫＩはそのラディカリズムを減じることを余儀なくされたと、ウォレンは述べている(Warren 1993: 276)。一九六七年に国外で出されたＰＫＩ残党による自己批判の中には、このような改良主義的妥協的な姿勢や、指導者の出身階級がプロレタリアートでなかったことなどが記されている（Warren 1993: 287 note 9）。

いずれの党も、通常は、青年組織、婦人組織、あるいは労働組合や農民組合など、党の傘下の様々な団体のリーダーを通じて党員や支持者をリクルートするが、ジェンブラナにおいては、そのような下部組織の役割よりも、バンジャル単位で集団的な動員をかけることに重点が置かれていたように思われる。バンジャルの人間関係においては、同じ慣習的規範によってしばられている灌漑組合《スバック》（subak）などの地縁的結束に基づいた水平的な連帯が、重要な意味を持っている。したがって村落社会の側から見ると、「全会一致」と「連帯」を基本とするバンジャルに、政党による分裂がもたらされることは好ましくない。[★9]そのため、ひとつのバンジャルが指導者の意向に沿って、こぞってPNIについたりPKIについたりすることも多かった。[★10]その際にはバンジャル内の封建的支配者との垂直的関係、すなわちパトロンクライアント的なネットワークによって動かされる場合も多かったであろう。そもそもジェンブラナのPKI支部長アグン・デニアが王家の出身であることからも分かるように、バリのPKIの指導層には封建的支配者層の出身者も多くいたのである。

ステジャの母の兄、アナック・アグン・スビクトは、一九五〇年代に奨学金を貰ってモスクワに留学し、共産主義者になって帰国した。[★11]アグン・デニアは、その影響を受けて共産主義者になったといわれる。

ただし、こうした伝統的な支配階層のリーダーシップとは別に、バンジャル・レベルの水平関係においても、カリスマ的リーダーの個人的動員力は大きかったように思われる。演説がうまく、世間一般に通用するような原則に党の利害をうまく適合させて扇動する能力をもったインフォーマルなエリートや雄弁家の出現が重要だったとホバートは指摘している（Hobart 1975: 71）。例えば、多くの犠牲者を出したロロアン・ティムール区のバンジャル・メルタサリのケースのように、そのバンジャルの女性との結婚のために他から移って来て、同地のバンジャルの成員となったPKI党員が、優れた政治的指導力ゆえ、瞬く間に多くのバンジャルの成員を魅了し支持者にしていったという例を、多くの人が口にする。いずれにせよ、このようにバンジャル単位の動員や入党が行われたため、何処がPKIの優勢な地区であるかは、地域の人たちの間で広く認識されており、それが九・三〇事件以後の虐殺の中で、PKIの集合的な排除をより容易にした。

ちなみに同じくヒンドゥーであってもインド社会と違い、バリでは実はポルトガル語起源であるカーストという言葉が使われることはあまりなく、ここではブラーフマナ（僧侶）、サトリア（武士）、ウエシア（貴族）、スードラ（平民）の四層から成る「チャトゥールワルナ（四姓制度）」という用語が使われる。そのうちトリワンサ（Triwangsa）と呼ばれる上位の三層は、あわせてもわずか一〇ないし二〇パーセントほどしかおらず、住民の大部分はスードラ（平民）である。

ジェンブラナのケースではないが、ロビンソンは、一九六三年以後、バリにおいてPKIが垂直的な人間関係を利用した動員に依存する割合は小さくなり、農村部におけるPKIのリーダーシップは上位三つのカーストから最下位の平民に移っていったと述べ(Robinson 1995: 262)、PKI自体ももっぱら無産農民や相対的に小規模な土地所有者の政党としての色彩が強くなっていったことを示唆している。つまり、それまで階級横断的であった政党選択は、一九六三年以降、より階級区分に沿った形へと変化していったようなのである。筆者の聞き取り調査から推量する限り、スカルノ政権末期になっても、チャトゥール・ワルナと政党選択には、相関関係が希薄であるように見受けられた。ただし以下に見るように、農地改革など社会・経済的ファクターをめぐって、ある程度階級闘争的な側面もなかったわけではなく、その場合、土地所有の大小は、チャトゥールワルナの上下とある程度相関していたことはいうまでもない。

3 農地改革を巡る社会的経済的コンフリクト

一九六〇年代初めにインドネシアのいくつかの地域で散発的に施行された農地改革は、政党間の対立の一つの焦点となり、バリのPKIとPNIはこれをめぐっても正面から対立した。ロビンソンも強調するように、九・三〇事件後の虐殺事件との関連で見ていくと、これは重要な原因の一つになっている。

バリ島は現在でこそ観光産業が中心であり、観光開発からはずれた地域の住民も、観光地への出稼ぎなどで家計を支えている。しかし、一九六五年以前のバリの産業は農業が中心で、稲作に加えてコーヒー栽培、コプラ栽培、畜産などが主たる経済活動だった。[★12]しかしバリはもともと狭い面積に多くの人口を抱えており、慢性的な食糧不足と貧困を抱えていた。ロビンソンによれば、バリでは米の供給確保のため、生産者は生産物の一定量を低価格で政府に販売しなければならないという「籾供出制度」が一九六三年まで施行されていた。そのため農村部の生産者は、むしろ都市の消費者よりも手持ちのコメが少なく、食糧不足に苦しんだという[★13](Robinson 1995: 239)。したがって食糧は常に中央政府からの「注入」に依存しており、それゆえ中央への依存度が高く、スマトラやスラウェシのように分離独立や自治への要求はほとんど力を持たなかったのである。

一九六〇年代初頭に中央政府が一連の法令を策定して、農地改革に乗り出した時、バリではPNIとPKIがこれをめぐって激しい攻防を展開することになった。ロビンソンが、バリのPNIは特に農地改革などに際して保守的反動の城壁になったと述べているように(Robinson 1995: 208)、おおむね農地改革はPKIが推進し、PNIがそれに対する抵抗の砦となった。

バリでは農地改革法は正式には一九六一年に施行され、その骨子は三つあった。まず一定面積以上の水田・乾田を保有する者から超過分をとりあげ、土地を持たない農民に分け与えること、そして、県外に住む不在地主の土地をとりあげて分配すること、もう一つは、農地所有者(地主)と耕作者(小作人)が収穫を分けあう分益小作制度において、収穫物の分配方法を耕作者に有利に改定するというプログラムである。一九六三年段階で、ジェンブラナの一農家あたりの平均土地所有面積は、一・四八ヘクタールと、バリ全体の平均(〇・九五ヘクタール)よりも大きかった。さらに詳しく見ると〇・五ヘクタール以下の小規模農家が全体の二二パーセントと、バリ全域の平均(五四パーセント)よりかなり低く、一方、二・〇ヘクタール以上所有する大規模農家は三六パーセントで、バリ全体の平均一一パーセントよりずっと高かった(Robinson 1995: 253-254)。

法令(UU No.56 Th. 1960「農業用地の広さの確定について」)によれば、所有が許される農地の上限はその県の人口密度によって異なるが、ジェンブラナは「かなり密である」と判断される第三カテゴリー(一平方キロメートル当たりの人口密度が二五一〜四〇〇人)に当たり、水田七・五ヘクタール、乾田九ヘクタールが上限とされた(Santika 1992: 29)。それ以上を所有する者は報告義務(wajib lapor)があるとされ、その登録が一九六一年二月一日から一九六二年九月三〇日まで受け付けられた(Santika 1992: 28)。

その結果、ジェンブラナ県では報告義務の対象となった農民の総数は四六二人だった。(Santika 1992: 31)ちなみに、ヌガラ王家の所有する土地は、他の王家に比べて極めて小さく、一九四九年の段階で水田三ヘクタール、乾田八ヘクタールにすぎなかった。たとえばバリ島東部を治めたカランアセムの王家がそれぞれ三〇三ヘクタール、三六九ヘクタール所有していたことに比べると、これは非常に小規模である(Robinson 1992: 80)。

改革委員会による審査の結果、ジェンブラナでは報告義務を課された者のうち一五三人が農地引き渡しの対象となった(Santika 1992: 31)。委員会が土地の再分配先を選定し、実際の移譲は一九六二年一〇月から一九六五年にかけて一〇期にわたって実施された。取り上げられた農地は、七二八人に分配された(Santika 1992: 27-40)。土地を取り上げられたものは、先祖代々引き継がれてきた一族の土地が他人の手に渡ることを危惧し、自分の親族の無産農民に配分されるよう申し入れ、かなえられたケースもあったという(Santika 1992: 40-41)。

バリの慣習法では土地の最終的な所有権が必ずしも個人にあるわけではない。バンジャルによる共同体所有があるため、非常に複雑であった。少なくとも居住地(karang ayahan)や村の寺の土地(laba pura)はバンジャルに所有権があり、居住者はその使用権を認められていたにすぎなかった。そのほか農地(tanah ayahan)もその処分に関しては慣習法によって様々な規制を受けることが多かった。慣習法土地委員会(Commision of adat Land)の報告は、アダットの土地はデサ・アダットの集団的利益の根幹になっていて分離できないものであるから、国家の法の下でアダットの土地を登記したりすることは、それを浸食(erode)するものであると述べている。土地はもともと共同所有の概念に基づくものであるのに、個人所有という概念の上に立って行われた農地改革には多くの困難があり、近代的な登記の対象とすることに対しても抵抗があったのである(Warren 1993: 292-293)。さらに農地改革委員会や農地改革裁判所のメンバーは政党を代表していることが多く、それぞれ権益を持っていたので、容易に問題を解決できなかった(Jelantik & Suarja 2007: 126)。

このような事情から、行政レベルでは手続きに則った実施が困難なため、なかなか進行しない農地改革にしびれをきらした貧農や無産農民が、実力で富農の農地を奪取し、分配する、いわゆる「一方的行動(aksi sepihak)」と呼ばれる、法的手順を踏まない行動が、PKIならびにその傘下のインドネシア農民戦線(Barisan Tani Indonesia 以下、BTIと略記)の指揮下で展開された。ジェンブラナはバリの中でもそれが最も激しかった地域の一つであった。プリングル(Robert Pringle)は九・三〇事件後の殺害は、農地改革が激しい運動となったジェンブラナ県とブレレン県でもっとも苛烈であったと述べ、その相関関係を示唆している(Pringle 2004: 178)。当時ジェンブラナの県知事であったイダ・バグス・グデ・ドースターは、一方的行動の一つの例を次のように記述している。

PKIの一方的行動は段々ひどくなってきた。ヌガラの郡長グデ・ハルダナ(Gde Hardana)からの報告があって(駆けつけると)、収穫を迎えようとしている水田で一方的行動がとられようとしていた。一方的行動を実施している者たちが、稲刈りをしようとしていた。もう一方は自分自身が植え付け耕作していた側だからそれを防衛しようとしていた。行動を起こしている方がずっと人数が多かったので郡長は、そちらを勝利させようと提案した。翌日、私はこのPKI寄りの郡長を更迭した(Jelantik & Suarja 2007: 119)。

分益小作に関して言えば、ジェンブラナの場合、一九六三年段階で自作農地が五七パーセント（バリの平均は六四パーセント）、小作に出されている農地が四三パーセント（バリの平均は三六パーセント）と、バリの他の地域に比べ小作率が幾分高かった（Robinson 1992: 81）。また耕作費用は耕作者の負担ではあったが、収穫物の分配率は農地所有者と耕作者のあいだで五分五分《プタンドゥ》（petandu）、すなわち等分であった。耕作者の取り分は島内の他の県に比べて（たとえば、カランアセム、バンリ、クルンクンでは三分の一、ギアニャルでは四分の一）（Robinson 1995: 257）最も高かったため、さして争点にはならなかった。

◆国有森林伐採による新田開発

ジェンブラナで、農地分配や分益小作の分配率に関する闘争と並ぶ、もう一つの大問題となったのが、国有地の森林を無許可で開墾して農地に転用し、土地なし農民に分配するという行動で、これもPKIとPNI双方が競って実施し当局を悩ませた。鏡味によれば、王国時代、ラジャや地方領主が村びとの支持を取り付ける手段となっていたのが新田開発と寺院の建立だったというが（鏡味 二〇〇九：三八）、この時も、両党は新田開発に躍起になったのであった。

一九六三年七月、まずPKIが、ムンドヨ郡イエ・エンバン村のヌサマラ（Nusamara）の森を伐採し、開墾した土地を区画に分けて党員に分配しようとした。[★14] 調査にあたって筆者の右腕になってくれたジェンブラナ出身の元警察官ワヤン・デニアは、その頃バンリ県に勤務していたが、事態が発生し、人手が足らないヌサマラへ警備の応援に派遣されたので、この出来事をよく覚えている。

翌日にはPNIがそれに対抗してムラヤ郡ギルマヌック村のプンギヌマン（Penginuman）の森で同じような伐採を行った。プニャリンガン村のPNI系の警防部隊のメンバーだったある村人は、自分の子供が生まれたとき、村にいなかったのは、ちょうどプンギヌマン森の警備に送られていたからだと言い、このPNI側による伐採事件の日時を記憶している。

県知事ドースターの記憶によれば、それはレバラン（ラマダン明けの休み）の日に発生した。ヌガラ市街地のロロアン区のムスリム・リーダーを訪問して家に戻ったばかりの彼の元へ、プンギヌマンの森がPNIによって伐採されているという知らせが入ったのである。彼はただちに県警部長に連絡をとり、いっしょにプンギヌマンの森へ行った。森はすでに一部樹木が伐採されてはげ山になっていた。PNIの人たちに会ったところ、「これはPKIに対抗する行動です。（PKI系の）州知事に対抗して県知事様をお守りするための行動ですよ」と一人が彼の耳元で囁いた（Jelantik & Suarja 2007: 122）。ところが、このPNI系の農民たちによる森林開墾はステジャ知事に禁止された（Adhana & Wirawan 2012: 372）。

森林伐採をめぐる一方的行動は一九六五年の九・三〇事件直前まで続き、たとえば同年一月三日にムンドヨ郡のBTI（PKI系）メンバー二〇〇人がパンカラン・マンギス村やイエ・エンバン村付近の森で木を伐採していたところ、二日後に警察が来てその行動をやめさせたため、二九〇ヘクタールの森林が伐採途中で放置されてしまうという事件もあった（Adhana & Wirawan 2012: 372）。また三月四日の深夜には、ＰＮＩムンドヨ支部のメンバーが、ナタなどを手にしたＰＫＩの者たちに襲われた(Suryawan 2007: 114)。ステジャ知事は、農業視察官の長にＰＫＩシンパのスンバディ(Sumbadi)を任命し、ＰＮＩ側はこのことがＰＫＩによる農地改革推進に有利に働いたと見ていた(Lane 2010: 71)。

4 ドースター県知事の立ち位置

ＰＫＩとＰＮＩの激しい対立のなかで、ジェンブラナの県知事はどのような立場をとっていたのであろうか。当時この県の知事は、一九六〇年にステジャ州知事から任命された、元検事のイダ・バグス・グデ・ドースターだった。指名に先だって、ジェンブラナのパセカン(Pasekan)の王家を代表するＰＮＩ系のイ・グスティ・ジェデラ(I Gusti Jedera)と、ヌガラの王家を代表するＰＫＩ系のアナック・アグン・バグス・カユン(Anak Agung Bagus Kayun)という二人の県知事候補がいたが、ステジャはこの二人を退けてドースターを選んだ。ドースターは、自身の回顧録の中で、自分が任命される直前にＰＮＩのウェダストラ・スヤサとニョマン・マンティック(バリ第二副支部長)がやってきて、この任命の話を断るように勧めたと述べている(Jelantik & Suarja 2007: 110-112)。いずれにせよ彼の任命の背景には、このような政治抗争の複雑なファクターがあったようである。

ドースターはジェンブラナ生まれで、ヌガラの初等小学校を出たのち、民族主義的な私立学校タマン・シスワ（当初はデンパサル校、のちにヌガラ校）で学んだ。オランダ植民地時代の末期には、ヌガラでタマン・シスワの中等部に通う傍ら、民族主義政党パリンドラ（Parindra, Partai Indonesia Raya の略）の下部組織に参加し、★15 民族運動を体験したという。また店員や郵便配達など、様々な職業に従事して生計を立てていた。独立後は共和国派に立って独立戦争を闘ったのち、オランダからの主権移譲後はジョクジャカルタへ行き、ガジャマダ大学法学部を卒業して検事になった（Jelantik & Suarja 2007: 4-83）。

ロビンソンはドースターをPKI系の知事として分類している（Robinson 1995: 268 table 12）が、前職が検事であったため政党への参加を許されず、無党派を貫いていた。しかも彼の自伝を読む限りではPKIとはかなり衝突しており、PKIの支持者であったとは到底思えない。

そのことは、就任当初ドースターが、県知事職を補佐するBPHのメンバーに、PNIから二名、マシュミ党から一名を選出し、PKI関係者を入れていなかったことからも窺える。ただしマシュミ党の解散ののちに、マシュミのポストは、PKIのジェンブラナ県支部長アグン・デニアが引き継ぎ、一九六五年にデニアがジャカルタへ移ってからは、PKI系の人民青年団のリーダーが後任になった。ジェンブラナ県のBPHには、その後さらにPKIとNUから一名ずつがメンバーに入った。したがって一九六五年段階で、ジェンブラナの同評議会メンバーは、PNIが二名、PKIが二名、NUが一名であった。ちなみに県レベルのBPHメンバーのバリ全体での合計は、PNIが二二名、PKIが一二名、民族主義政党のパルティンド党五名、NU一名であったから、ジェンブラナはPKIの比率が高かったといえる。またNUがメンバーに入っていたのはジェンブラナだけである(Robinson 1995: 216)。当初の三名はいずれもドースター県知事の気心の知れた「独立闘争の同志」であったが、それが変更されたことによって関係が崩れ、各政党・組織の利益が前面に出るようになったとドースターは述懐している(Jelantik & Suarja 2007: 113-114)。そして県知事は、PKIから協力ではなく、様々な攻撃や嫌がらせを受けていたことを綴っている。

前述のように一般にPNI支持者には政府高官が多かったが、PKIに言わせれば、政府高官は汚職ばかりして人民のことを顧みない「七つの悪魔」のひとつであり、諸悪の根源であり、常に攻撃の対象になっていたことから、県知事もその攻撃を受けることになった。両者の政治的緊張関係を窺い知るため、県知事の証言をもとにPKIによるハラスメントのいくつかを紹介してみよう。

PKI支部長のアグン・デニアは、県庁での職務中はおとなしくしているが、外へ出るとPKIの崇拝の的で、態度も大きくなり、たとえば「ジェンブラナ県知事は肉を食べないふりをしているが、実は豚の丸焼きを差し出されると人に分けないで自分一人で丸ごと食べてしまった」と批判したり、また県知事夫人は公用車を使って外出しているなどと非難したこともあった(Jelantik & Suarja 2007: 118)。

また一九六四年の独立記念日にも、次のようなことでPKIと県知事は激しく火花を散らした。式典は県議会議長が仕切る盛大なもので、農業関係のコンテストや運動競技議会も行われ、開催されていたパサル・マラム(夜市)の最終日に表彰式が行われた。一〇〇メートル競走でPKI系の人民青年団のメンバーが優勝し、県知事から賞品が贈られたが、そのとき贈られたズボン用の布地がその青年には寸法が短かった上、品質もあまり良いものではなかった。PKIは不満をいだき、それを県知事にぶつけた。数日後、県知事がヌガラの王宮《プリ》へ来ていたステジャ州知事に呼ばれて赴くと、大勢の人々の面前で州知事は不機嫌な様子を隠そうともせず、先日の一〇〇メートル競走の賞品を問題にし、「県知事は組織委員会を監督できないのか」と問い詰めた。人々の前で侮辱されたと感じたドースターは、頭に血が上り、捨て台詞を吐いて立ち去った。そして翌日、大統領あてに辞表を書き、そのコピーを州知事や他県の県知事たちにも送った(Jelantik & Suarja 2007: 122-123)。結局、辞表は大統領に受理されなかったものの、PKIの一言の苦情が大きな影響をもたらすことを物語るエピソードであった。ドースターは、さらにバニュワンギからの牛の密輸、略奪などほかにもPKIによる犯罪が続いたと述べ、警察と一緒にチャンディ・クスマ(Candi Kusuma)の海岸で密輸犯を追いかけているときには、あやうく刃物で切られそうになったことなども記述している(Jelantik & Suarja 2007: 119)。

今となってみると、歴史の証言はどうしてもPKIの傲慢や理不尽を強調するものになりがちで、情報としてどこまで正確なものかは分からないが、ともかく県知事であるドースターとPKIの関係はぎくしゃくしていたようである。かといって彼の立ち位置は決してPNIと一体というわけでもなく、この二つの政党のにらみ合いの中に立って双方から攻撃を受け、苦しい体験を強いられたというのが実情であろう。

5　不吉な前兆と高まる不安

農地改革にまつわる「一方的行動」など、PKIとPNIの対立は一九六五年になっても続き、これをめぐる小競り合いは絶えなかったが、そのような政治的対立に加えて、九・三〇事件直前、ジェンブラナの人々はいくつかの社会不安も抱えていた。一つは、一九六三年二月に始まったアグン山の大噴火である。アグン山はバリ島東部のカランアセム県に位置する同島の最高峰で、噴火による火山灰はバリ全土を覆い、東ジャワにまで届いた。一年近くにわたって続いた噴火により一五〇〇名の命が奪われ、その年の農作物の収穫に影響したのみならず、二万五〇〇〇ヘクタールもの農地が火山灰をかぶって恒久的に、また一〇万ヘクタールの農地が一時的に不毛の大地となった。一〇万人近い農民(資料によっては七万五〇〇〇人という数字もある)が難民となり、島内各地はもちろんのこと、ジャワ島やスマトラ島などへの移住を余儀なくされた。国家主導の大規模な島外移民(トランスミグラシ)プログラムも実施された。ジェンブラナはもともと島内各地から移民を受け入れて土地を開墾することによって発展してきた地域であり、このときもカランアセムから多くの難民を受け入れ、新たに各所の森林を開墾して、カランアセムの慣習《アダット》を持った人々のバンジャルがつくられた。

こうして噴火はバリ島の全住民に不安とダメージを与え、限られたパイを分けあうことになったので、もともと厳しかったバリ島の食糧事情や貧困問題はさらに深刻なものとなった。そのほか、ネズミや昆虫の害なども相次ぎ、凶作とも相俟って困窮に追い打ちをかけた。多くの難民は賃金収入を求めて都市部へ流入したが、当時のバリに就業の機会は少なく、そのことが都市部の失業率を三〇パーセントにも引き揚げたと言われている。

◆ジェンブラナ病

ジェンブラナの人々を襲ったもう一つの不安は、奇妙な家畜の疫病がムラヤ郡ワルナサリ村で流行し、一九六五年に何千頭もの水牛や牛が死んだことである。家畜に発熱、食欲不振などが見られ、リンパ節や脾臓が腫大するという、獣医たちもこれまで見たことがないというミステリアスな病気で、感染源は皆目見当がつかなかった。州庁からも中央政府からも専門家が派遣されてきたが効果はなかった。ジェンブラナだけで発生したため、国外でもジェンブラナ病として知られるようになった。

感染した牛は殺処理されることになったので、瀕死の状態でも遺体処理場まで引いていかれた。この時、牛を前から引っ張り、後ろから押していく姿を、人々はサピ・ソロンガン（sapi sorongan 直訳すると「押されていく牛」の意）と呼んだ。のちに虐殺が猛威を振るった時、多くの犠牲者が同じように処刑場まで運ばれていく姿を見て人々はこれを思い出し、その光景をソロンガンと呼んだ。殺処理した家畜は、細菌が飛び散らないように地面を深く掘って葬った。発祥地ワナサリ村の広場は大規模な屠殺場と化した(Jelantik & Suarja 2007: 129-130)。

PNIのシンボルマークが野牛だったことから、PKIはこの機に乗じ、「バンテン(野牛)グループの運命もこの牛たちとおなじになる」という噂を広めた。一方のPNIも、「この病気はPKIが中国から病理学的な毒素を持ち込んだものだ」という噂をまき散らした(ワヤン・レカンとのインタビュー)。ともかく農耕に欠かせない水牛がいなくなったことは農作業のみならず、畜産と家畜の輸出が重要な産業の一つであったジェンブラナの経済に大きな影響を与えた(Suryawan 2007: 113-114)。

事件前には他にも不気味な兆候があった。たとえば、これまで一度も枯れたことのない水源で、事件の数ヵ月前に水がすっかりなくなったかと思うとまた突然あふれ出すという不思議な現象が起こっていた(当時イエ・エンバンで学校教師をしていたマユンとのインタビュー)。

一九六五年初めには、ジェンブラナの政治抗争にも変化が起こった。過熱するPNIとPKIの対立の一因が、それぞれの党指導者、アグン・デニアとウェダストラ・スヤサのあまりにも激しい性格にあるとして、二人を引き離すことが州政府によって考えられたのである。アグン・デニアは党の命令で家族と共にジャカルタへ移され、九・三〇事件の勃発後までそこにとどまっていた(Jelantik & Suarja 2007: 125)。一方のウェダストラ・スヤサは九・三〇事件の数ヵ月前にステジャ知事によって一時的に身柄を拘束され、事件勃発時には同じくバリにいなかった。
ウェダストラ・スヤサ逮捕のきっかけとなったのは一九六五年三月六日にデンパサルのププタン広場で開催された国威発揚とマレーシア粉砕闘争のための大衆集会であった。このときナサコムの民族主義派を代表して演説したウェダストラ・スヤサが、本題に入る前にタバナン県北部のある村で発生した農地改革をめぐる一方的行動で、ある農民夫婦が命を失った事件に触れ、ＰＫＩを批判した。これを聞いていたステジャがこのような演説はナサコム勢力を分裂させるものだと怒り、ウェダストラ・スヤサを演壇から引き下ろそうとした。それは未遂に終わったのであるが、ウェダストラ・スヤサは大会終了後群衆を率いて州知事庁舎に押しかけて抗議した。その後まもなく、ウェダストラ・スヤサは「ステジャの命令で」逮捕された(Lane 2010: 84)。当初はデンパサルで、のちにジャカルタで一九六六年一月二九日まで身柄を拘束されることになったのである(Robinson 1995: 215)。いずれにせよ「演説の達者な二人のリーダー」がジェンブラナを離れたことで、村々でのランティン結成式をめぐる激しい競争は鎮まっていった。

この頃、ＰＫＩがジェンブラナで行った行動の一つに、党員あるいはシンパの家の壁に、党のシンボルマークである鎌と槌(palu-arit)の印をつけるということがあった。それは党の勢力を誇示するためで、場合によっては当人の許可も取らずに、例えば、党主催の催し物に出席して記帳しただけという人物の家にも一方的にペンキを吹き付けた。これが後に共産主義者の一掃作戦が始まった際に悲劇を招くことになる。すなわち、共産主義者を見分ける目印とされ、本物の党員でない者までが虐殺される事態を引き起こす原因となったのである。一方のPNIはPKIに対抗してメンバーの家に証明写真サイズのバンテン(野牛)のマークを貼りつけていった。またPNI系のイスラーム組織ジャミアトゥル・ムスリム・インドネシア(Djamiatul Muslimin Indonesia 以下、DMIと略す)は、メンバーの家に緑色の文字でDMIと書きつけていった(Adnan: 17)。

註

★1――国勢調査は一〇年ごとに実施されていたので一九六五年のデータはない。しかし一九六一年当時の人口は四万九三六九人で、それが一九七一年には六万五七三四人に増加していることから(Putu Parwata 1994:45-46)、増加率がほぼ一定であったとして推定すると、およそ五万五〇〇〇人程度ではなかったかと思われる。

★2――ただしバリの慣習法に関するオランダの研究者コルン(Korn)の一九二四年の研究によれば、ジェンブラナではデサとバンジャルという用語は、ほぼ混同されて使われていたという(Warren 1993: 33 note 34)。

★3――アグン・デニアの父はラジャの実弟であったが、平民の女性と結婚したためプリの中には住めず、ヌガラ市内の普通の住居に暮らしており、アグン・デニアもそこで育った。父はヌガラの刑務所の刑務官をしており、闘鶏好きで金銭には年中不自由をしていたようである。

★4——そのため多くの敵を作ったようである。筆者の調査アシスタントを務めてくれたワヤン・デニア氏(アグン・デニアと同年配で同じヌガラ市街地でプリ・ヌガラの近くに住んでいた)に対しても、常々「お前が俺と同じ名前を使うのはけしからん」といった態度を取ったという。

★5——プニャリンガン村には、ヌガラに次いでジェンブラナ県で二番目の中学校が開設されており、そのため住民の知的水準や意識は相対的に高かった。

★6——黒い上着に黒鉢巻、中のシャツは赤い線の入ったマドゥラ式の衣装を来ていたこのドラム・バンドの存在は印象的で、ジェンブラナでイスラームの存在感を広めるうえで役割を果たしていたという。

★7——各寺《プラ》の創立記念日をオダランというが、そのオダランの初日の事をピオダランといい、闘鶏などの行事が行われる。

★8——マルハエニスとは、若き日のスカルノが、あるとき農村で偶然出会って感銘を受けたマルハエンという名の小農民の名前から来ている。貧しいが自らの小さな田を耕す、インドネシアのごく普通の人民の総称として使われ、その人々が主体となって闘うことを「マルハエニスム」、闘う人たちを「マルハエニス」と呼び、これはＰＮＩの基本的なイデオロギーとなっていた。タメンは楯を意味し、「マルハエニスを護る楯」というほどの意味である。

★9——バンジャルが司るのは、あくまで共同体内で発生する事柄に限定されており、村落の外で展開される国家レベルの政治についてバンジャル内の住民間で異なる立場があったとしても、それが共同体内の問題を犯さない限り原則的には関知しないという考え方があったと思われる。「慣習」の枠外で、外の世界の政治が入り込んできたときの対応については、多様なレスポンスがありえただろう。

★10——クリッブは、デサ間の対立のゆえに村全体がＰＫＩにつくことがあったと述べている(Cribb 1990: 245)。

★11——彼は、九・三〇事件当時ジャカルタにいたが、逮捕されてブル島に流刑になった。他にも、モスクワや北京での勉学から戻ったステジャ知事の義弟イ・グスティ・ウィナジャ(I Gusti Winaja)が、時折ジャカルタからジェンブラナにやってきて、この地のPKI支持者を増やすのに貢献したという(Suryawan 2007: 108)。

★12——バリ島が観光地として急激に発展するのは、一九六六年に最初の外国人観光客向けの国際級ホテル、バリ・ビーチホテルが日本の戦争賠償金で建設され、ついで一九六九年にグラライ空港が開設されて以降のことである。

★13——一九六三年以降、現地の新聞には、餓死や栄養失調のニュースが多くみられるが、「豊かなハーモニアスな土地」というイメージを損なわないために全国メディアでは報道が控えられていたという(Robinson 1992: 63)。

★14——ヌサマラはオランダ植民地時代、当局が他の地方にいた住民をジェンブラナに居住させるために森林を切り開き入植させた土地であったが、この移民たちは何らかの理由でムラヤ(ヌガラの西方)方面へ再移住させられ、ヌサマラは再び森林に戻ってしまっていた。PKIはそれを再度開墾しようとしたのである。ジェンブラナ県知事は、このような一方的な行動を不当として、県の森林局長と共に州知事に訴えたが、知事はヌサマラが本当に森林状態に戻っていたという証拠となる文書を提示するよう求めてきて県知事を当惑させたという(Jelantik & Suarja 2007: 121-122)。

★15——戦前のバリではナショナリスム運動は弱く、唯一パリンドラが活動を行っている程度だった。この党の支部はバリではジャワ人によってヌガラで初めて結成された(Lane 2010: 31)。

第3章 ジェンブラナのムスリム社会

1 ムスリム社会の起源

一九六五〜六六年に発生した虐殺事件の中で、とりわけジェンブラナ県のケースを複雑なものにしているのは、ヒンドゥー社会にありながら無視できない影響力を保持していたイスラーム勢力の存在である。事件の背後には、第一章で述べたインドネシア共産党（PKI）とインドネシア国民党（PNI）のイデオロギー、あるいは政治的優位や行政ポスト獲得をめぐる対立といった要素があったが、加えて、ムスリム人口の多いジェンブラナ県では、文化的に異質なコミュニティとその関連団体が反共のために動員された事実を無視できない。

事件当時の統計はないが、宗教省のジェンブラナ事務所によれば、一九七〇年代末のジェンブラナ県

表2　ジェンブラナ県の郡別ムスリム人口(1970年代末)

郡名	ムスリム人口	全人口	ムスリムの割合
ムラヤ郡	7,825人	51,825人	15%
ヌガラ郡	17,758人	72,340人	25%
ムンドヨ郡	2,212人	47,718人	5%
ペクタタン郡	6,683人	22,077人	30%
計	34,478人	193,960人	18%

出典：ムスリム人口はDepartmen Agama Kantor Kabupaten Jembranaの資料。全人口はBureau Pusat Statistik Kabupaten Jembranaの資料

内各郡のムスリム人口と人口比率は表2の通りであった。

つまり一九七〇年代末、ムスリムはジェンブラナ県の人口約一九万人のうち約三万人、一八パーセントを占めていた。★1 ムスリムは何百年も前に渡来し、すでに何世代にもわたってこの土地に住みつき、もはや「土地の人」となりつつある人々と、近年になって移り住んできた新参者の双方から成っていた。前者の大部分は南スラウェシから来たブギス人や、カリマンタンから来たマレー系の住民たちである。スラウェシ島にあったマカッサル王国が一六六七年にオランダ東インド会社に攻撃され崩壊したとき、スルタンの一族が船で逃れ、二年後の一六六九年にバリ島西部のアイル・クニン(Air Kuning)に上陸した。これはジェンブラナの首都ヌガラから南東へ約五・四キロの地点にあり、当時はジェンブラナ最大の港であった。彼らはこの地をカンプン・バジョと名づけて定住し、バンダル・パンチョランという港を拠点に商業活動を行った。バリ北海岸のシンガラジャに中心を置くブレレン王国が攻めてきたときには、このムスリムたちはジェンブラナの王《ラジャ》の軍隊に加担して活躍した。そのため地

元の住民とは良好な関係を維持した。

一八世紀になるとカリマンタンからさらに大規模な移民が到来した。西カリマンタンのポンティアナにできたマレー系の王国が一七七九年にオランダに征服され、それに屈服するのを拒否したラジャの弟が軍団を率いて、まだオランダの息がかからない地域を探してやってきたのであった。このポンティアナの軍団の中心はマレー人で、さらにアラブ系の人々もたくさん入っていた。最初アイル・クニンに到着した彼らは、既に住み着いていたブギス人の仲介でヌガラのラジャに会見しその臣下に下った。このムスリムたちはヌガラ周辺のイジョ・ガデン川の両岸に八〇ヘクタールの土地を与えられ、戦闘があるとジェンブラナのラジャの軍隊として闘うとともに、日常は商業活動に従事した。こうして彼らは軍事と経済活動の両面で活躍し、徐々にその地位を強化していった。

一七世紀、一八世紀にやってきたブギス人、マレー人らに加え、その後、ジャワやマドゥラ島からもムスリムが移住してきて、もとからあったムスリムコミュニティに合流して定住するようになった。またバリ島の東に位置するロンボック島のササック人ムスリムもかなりの数が移住してきた。その移動の波は今日に至るまで断続的に続いている。人種的には混合し、「ロロアン人」ともいうべき独特のエスニック・グループが形成されてきた。今ではブギス人よりもマレー人が多く、通常のインドネシア語以外にマレー半島なまりのマレー語が今でも使われている。彼らが使う言語は変形した独特のマレー語で、「ロロアン語」などと呼ばれている。古くから住み着いているロロアンのムスリムのなかには、マレー語以外にバリ語も話し、イスラーム名と併記してバリ式の名前を持っている人も多い。

一八〇三年にヌガラの街の建設が完成したとき、イジョ・ガデン川両岸のムスリム集住地域はロロアン・ティムール(東ロロアン)村とロロアン・バラット(西ロロアン)村という行政村として認められた。したがってムスリム人口はこの二つの集落(デサ)に集中している。他のムスリム集住地区の多くが、区(クルラハン)やデサよりも一つ下の単位であるドゥスン(バンジャルと同格であるが、ムスリムの集住地区ではジャワとおなじく「ドゥスン」と称される)、あるいはそれよりもさらに小さな単位であるのと比べ、ここは面積・人口とも非常に大きい。

バリでは、歴史的経緯からお互いの宗教を尊重する寛容性があり、ムスリムとヒンドゥー教徒との関係はおおむね良好で、宗教を巡る対立はほとんど見られなかったといわれている。彼らは巧みに住み分けを行い、お互いのコミュニティに干渉しない形で自分たちのアイデンティティを維持した集団を形成していた。「集落」を意味するマレー語「カンプン」がつく地名をバリで見かけたら、それはムスリムの集落だと考えて間違いないといわれる。「カンプン」の多くは「バンジャル」と呼ばれるバリ人の慣習村の「外」に、あるいはその一角に分離されたかたちで作られている。バンジャルはバリの一つの村落(デサ)の中に複数存在し、慣習法(アダット)による取り決めと、共有のヒンドゥー寺院(プラ)を核とし、一定の領域をもった地域社会の自治的まとまりである。その成員(クラマ)はバンジャルの所有する居住地に居を構えるヒンドゥー教徒ということになっている。つまり慣習村《バンジャル》は自分たちの寺院《プラ》を中核として形成されており、労働奉仕と祭礼の費用分担が、成員の主要な義務になっている。バンジャルはヒンドゥーとは切り離せないものであり、したがってムスリムのコミュニティはそこからは除外されるのである。

バンジャルに属さない領域・住民が、その外に別個の共同体を形成しているのが先に触れた「カンプン」である。これは行政用語ではなく、人々の住む集落を意味するインドネシア語である。バンジャルの「外」というとき、それは必ずしも物理的な意味ではなく、文化的・社会的・心理的な意味合いが強い。そうしたこともあってか、一九六五年当時、まとまった数のムスリムが住んでいる地域では、地理的には同じ領域内にも関わらず、ヒンドゥー教徒を統括する村長とムスリムを統括する村長が別個に任命され、二系列の統治組織が置かれ、両者を行政的にも分離する試みが行われていた。[★2]

たとえば東西のロロアン区以外にも、「ジェンブラナの惨劇」の引き金となった事件が発生したヌガラ郊外のテガル・バデン村などではそうであった。ジャワからの移民が増えてからはさらに、同じムスリムの中でも、ジャワ人だけを対象とする「ロロアン・ジャワ」という行政単位(デサ)も導入され、単にロロアン地区だけでなく、ヌガラ町のあちこちに住むジャワ人を統括した。社会的・文化的・宗教的あるいは人種的なバックグラウンドの違いを考慮して、「ひと」を単位として分けて行政を行うこのような統治制度は、九・三〇事件以後廃止され、現在は存在しない。

時期は少々後のことになるが、スハルト時代、ヌガラのムスリム集落にはバリではほとんど見られなかったＲＴ（ルクン・トゥタンガ、隣組）・ＲＷ（ルクン・ワルガ、町内会）と呼ばれる組織が見出されるようになった。ＲＴ・ＲＷ制度は一九八三年に、法令によって全国いっせいに施行されたにもかかわらず、バリのバンジャルでは育たなかった。ヒンドゥー教徒の場合は既存のバンジャルが、コミュニティとして必要なほぼすべてのニーズを満たしているため、あえてＲＴ・ＲＷ制度に依存する必要がなかったのかもしれない。しかし一方のムスリム住民は、同制度を運用していたということは大変興味深い。

◆ムスリムの経済活動

農地はヒンドゥー・コミュニティの強固な慣習法のもとで管理されていて、その所有権に関しては様々な制約があったため、農業に従事しているのはほとんどがヒンドゥー教徒のバリ人であった。ムスリムはそのような慣習を尊重し、決してヒンドゥーの完結した世界に侵入しようとはしなかった。彼らは、農地と切り離されたところで、漁師や物売り、あるいは肉体労働に従事することが多かった。そして内陸部よりも海岸地帯に多く居住している。そのため国道沿いではいっそう目立つのである。

ところでＰＫＩはムスリムとの間にも、ＰＮＩとの間のような激しい対立の争点を抱えていたのであろうか。そもそもムスリムは政府の役職をＰＫＩと奪い合うことはほとんどなかったし、農地を保有しない漁民や商人が多かったことから、農地改革をめぐる争いもなかった。ただ、海峡を隔てた東ジャワのバニュワンギの場合などは、インドネシア漁師組合（Barisan Nelayan Indonesia）に属するＰＫＩ系の港湾労働者が、非コミュニストの漁民に対してサボタージュを行い、そのため船から港まで魚を運び荷揚げする労働力を確保することができなくなるという問題が時として起こっていた。反共の漁民たちが別途インドネシア漁師連合(Serikat Nelayan Indonesia)を結成したが、勢力は弱く、対抗できなかった。武力衝突によって命を落とすものもいたという(Cribb 1990: 149-150)。

問題をさらに複雑にしているのは、必ずしもムスリム=反共ではなく、ロロアンのなかでもロロアン・ジャワの住民はムスリムでありながら共産主義者が多かったということである。前述したようにジェンブラナではPKIの勢力も強く、一九五五年の総選挙での得票率は、バリ全体では七・八七パーセント(全国では一六・四パーセント)であったのに対し、この県では二一・五パーセントもあった。ロロアン・ジャワは特定の領域を持たず、人種的に区分された人々を統括する特異な行政単位であるが、その長はたまたま共産主義者であった。そのため村民の間でPKIの信奉者が多く、周辺の人々からはPKIの巣窟と見なされていた。かくして一部のジャワ人ムスリムは、政治的には共産主義者の影響を強く受け、ロロアンの他のムスリム住民と対立するようになっていった。

2 NU、そしてアンソールの台頭——アドナンの証言から

それではそれまでマイノリティとして平穏に、そして控えめに生きてきたジェンブラナのムスリム住民たちが組織化され、政治的に目覚め、九・三〇事件後、サディスティックな殺戮に手を染めるようになっていった背景には、どのような経緯があったのであろうか。九・三〇事件以後、ジェンブラナ事件で共産主義者撲滅のために動員されたムスリムの実働部隊は、NU傘下の青年団組織アンソール（正式にはグラカン・プムダ・アンソール）であった。[★3]そもそもNUは、オランダ植民地下の一九二六年に東部ジャワのウラマ（イスラーム学者）、とりわけ農村部に存在するイスラーム寄宿塾《プサントレン》の主宰者や教師たちを中心に結成された比較的穏健な保守的組織で、独立後は同じ名称で政治活動にも従事していった。現在はもはや政党としての活動はしていないが、九千万人の会員を擁するインドネシア最大のイスラーム団体である。

ジェンブラナでは、一九二八年に東部ジャワ・パスルアン出身のイスラーム寄宿塾の教師——キヤイと呼ばれる宗教的権威者——[★4]がやってきて、ムスリムが多数居住するロロアン・ティムールとロロアン・バラットのそれぞれのモスクで、NUのお披露目が行われた。その後、一九三三年になって正式にNUのジェンブラナ支部が作られた（Adnan: 4）。

植民地時代にはイスラーム系団体による政治活動は許されなかったため、NUも、そのライバル組織である近代派のムハマディア(一九一二年創立)も社会組織としてのみ活動を続けていた。両者は日本軍政期にマシュミという名称の一つの団体にまとめられたのをきっかけに、インドネシア独立後はマシュミ党として政治活動を開始した。しかし一九五五年の初めての国政選挙を前に、NU系の政治家たちはマシュミ党から分離独立し、NUを基盤に政治活動をすることにした。

ただしマシュミ党にくらべると、バリ島でのNUの政治的勢力は大きくなかった。第一章で述べたように、バリは独立戦争期以来、全国的には少数派であるインドネシア社会党(PSI)が大きな勢力を持っていたことが特徴的であるが、マシュミのリーダーたちはメンタリティにおいて同党に近かったといわれる。マシュミ党が一九五〇年代末にスマトラやスラウェシの反乱に関与したとしてPSIとともに解散させられた後、支持者たちの一部はNU支持に回った。しかし両者は、そのコンセプトや支持者層を異にしていたため、マシュミの解散はNUの拡大に直接的には繋がらなかった。

先ほどふれたように、ジェンブラナの虐殺事件に於いて実際手を下したのはNU傘下の青年組織、アンソールであった。これは一九二〇年代末の様々な民族団体による青年運動の高まりを受け、一九三四年に、NUのバニュワンギ大会において結成された。その後アンソールは、支部ごとの青年部として設置されることになったが、ジェンブラナではいつ結成されたのか、正確な記述も証言もない。史料的に確認されるのは、一九六三年に新しい指導部がスタートし、再建が図られたという記述だけである。

そのときアンソールの書記に選ばれたアドナン・マルハバンによれば、ジェンブラナ県においてNUが弱小勢力である状況は一九六〇年代になっても基本的には変わらず、「自分が一九六三年にアンソールに参加した頃、NUのジェンブラナ支部長は非常にだらしがなくて、まるで水にぬれたクルプック(エビせんべい)のようだった」と評している(Adnan: 6)。NUは自分たちのコミュニティの殻にとじこもり、外の世界にメッセージを発信したり、国民的行事や記念式典に参加することもなく、ましてや勢力拡大を目指すというようなこともなかったというのである。

そのような中でキヤイたちのなかには、何とかNUの勢力を拡大したいと考える人も出てくるようになった。そして一九六三年、それまで全くこの組織とは無縁であったアドナンが、突然NUの青年部(アンソール)の幹部としてリクルートされることになったのである。

アドナンの家族は曾祖父の代に西スラウェシのマジェネからオランダによって追放され、集団でバリに流れ着いた。当時ジェンブラナの港はアイル・クニンにあった。祖父はムンドヨの、子供の無いバリ人の家庭で養子として育てられた。バリの文化の中で育ったが、宗教は最後までイスラームを堅持し、ロロアンのムスリム女性と結婚したという。孫のアドナンは、電気製品の販売を手掛けている商人の養子となって育ったが、その家庭は特にイスラームが強いわけではなく、彼はイスラーム寄宿塾でサントリ(塾生)としての教育を受けたこともなかったし、クルアーン(コーラン)もろくに読めなかったという

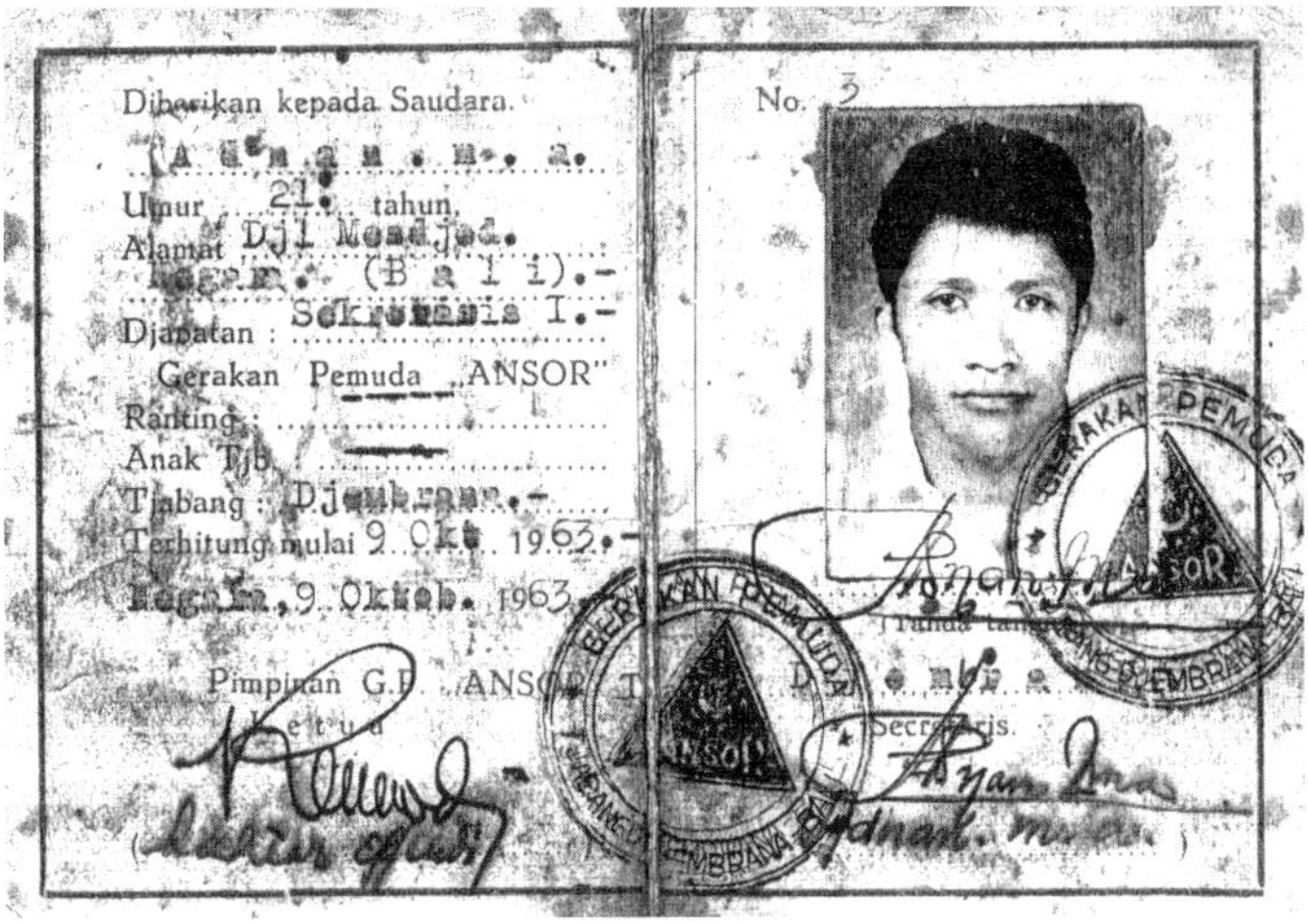

No. 3

Diberikan kepada Saudara.

Umur 21 tahun.

Alamat Djl

(B a l i).-

Djabatan : Sekretaris I.-

Gerakan Pemuda „ANSOR"

Ranting :

Anak Tjb.

Tjabang :

Terhitung mulai 9 Okt 1963.-

, 9 Oktob. 1963.

Pimpinan G.P. ANSOR

Ketua

Sekretaris.

アドナン氏が所有するアンソールの身分証明書

アドナン氏にインタビューする著者(中央奥はワヤン・デニア氏)

（同氏とのインタビュー）。彼自身はバニュワンギの教員養成学校で世俗の教育を受け、イスラーム寄宿塾で学ぶサントリに対しては、頭が固くて、古臭くて、狂信的で、ムスリム以外の人々とは交わろうとしない連中だと批判的に見なしていたという（Adnan: 1）。

そのような彼がアンソールにリクルートされるにいたったのは、一九六三年のある日、それまで顔見知り程度であったジェンブラナのNU書記長に、カルティニ（女性解放論者）記念日のレセプションに一緒に行ってくれないかと誘われたことがきっかけだった。NU関係者は、それまで県レベルで開催される世俗的な式典や国家行事にはほとんど参加していなかったのだという。そこでナショナリストや国軍・政府関係者、さらにはノン・ムスリムたちとの親交が深かったことからアドナンが橋渡しを頼まれたのであった。

そのつながりで、彼はその後しばらくして、ジェンブラナのアンソール執行部再編のための会合に招かれた。軽い気持ちで参加したのであるが、その席上、会合の開催場所であったヌガラのシャムスル・フダ（Syamsul Huda）というイスラーム寄宿塾の主宰者で、NUのバリ地区リーダーであったキヤイ・ハジ・サイド・バファキ（KH Syd Ali Bafaqih）に説得されてアンソールに入団することになったばかりか、いきなり新執行部の書記に選出されたのだった。全くメンバーでも無かった人物が最初に出席した会合で執行部に選出されたというのは実に奇異な話であるが、それほどNUもアンソールもまだ弱小の組織であったとアドナンは強調する。彼によればNUは独自の事務所を持たず、県の行政執行評議会（BPH）

のメンバーであったアミンの家の一室を借りて事務局としていたが、そこには文字が幾つか失われた古いレミントンのタイプライターが一台あるだけで、タイプ用紙も一枚売りで買う有様だった、と述べている(Adnan: 9)。おそらく、組織改革と勢力拡大のためには新しい指導力が必要と考え、ヒンドゥー教徒や他の政党関係者とのつながりが太く、プレマン(ならず者集団)とさえ付き合いのあったアドナンをあえてリクルートしたのであろう。

アドナンがいかに多様な背景の人々とのネットワークをもっていたかは、PKIジェンブラナ支部長アグン・デニアとすら接点があったことからも分かる。アドナンの父は、ジェンブラナ王の弟で、アグン・デニアの父であるアナック・アグン・アリット(Anak Agung Alit)と親しかった。アグン・デニアがデンパサルの師範学校で学んでいた頃、ヌガラ刑務所の職員をしていた父親は闘鶏に凝っていて息子への仕送りの金にも事欠く有様だった。アグン・アリットは、そのたびにアドナンの父に金を借り、アドナン自身が、父に命じられて郵便為替でデンパサルのアグン・デニアのもとに送金したことがある。そのことを恩義に感じていてアグン・デニアはヌガラに帰省するたびにアドナンの家に立ち寄り、アドナンの父に対して自分の父のように礼を尽くした。アグン・デニアはアドナンを「弟」と呼び、アドナンはアグン・デニアを「兄さん」と呼ぶ間柄だった。アグン・デニアが卒業後教師になり、その後ジェンブラナのPKI支部長になってからも彼らは引き続き親しい関係を維持し行き来していた。アグン・デニアがPKIの仕事で中国訪問に出発するときにも挨拶に来たのをアドナンは覚えている。アグン・デニアはアドナンがアンソールの役員になったと知って、ＰＫＩの創立記念日にはメラプティーの旗(国旗)を借りに来たこともあったという。アドナンはアグン・デニアとの親しい関係から他のＰＫＩ幹部とも交流するようになり、「そういうことから私はいつどこにいても自分は安全だという思いを持つようになった」と述べている(Adnan: 15)。そういう関係もあってか彼は、一九六五年五月のＰＫＩ創立四五周年大会にもアンソールを代表して出席して演説し、ナサコムの傘の下で団結をも守る必要性を訴えた(Samsul 2019: 46)。

そのようなアドナンであったから、ＮＵとしては戦略上どうしても彼をアンソールの中枢部に引き込みたかったのであろう。それまでＮＵを古臭い連中と酷評していたアドナン自身がいとも簡単にその誘いを受け入れたことにも驚きを覚えるが、その時からジェンブラナのアンソールは徐々に勢力を固めていったようである。一九六三年一一月一〇日、インドネシア独立闘争のなかでの記念日である「英雄の日」に、アンソールは三小隊(peleton)を編成してヌガラの広場(アルン・アルン)や英雄墓地での式典に初めて参加した。

しかしアドナン以外のアンソールのリーダーは、イスラーム寄宿塾出身のいわば正統派のＮＵリーダーであった。会長に選ばれたアフマッド・ダマンフリ(一九三五年生まれ)はムラユ系のムスリムで、若いころから長らくＮＵ発祥の地である東ジャワ・ジョンバンのイスラーム寄宿塾で学び、ようやく一九六〇年代初めジェンブラナへ戻ってきた(Samsul 2019: 41-43)。

会計に選ばれたハンバリ・トヒル(一九三九年生まれ)は、ブギス系で、ジェンブラナで大きな商店を経営する商人の息子だった。ロロアンのイスラーム寄宿塾で教育を受けたのち、NUに参加した。一九六一年にはロロアンに生活用品を販売する店舗を開設したが、商売柄顧客の中にはPKIの関係者も多かったため、アンソールのリーダーでありながら一九六六年には治安当局によってスクリーニングを受けることになった(Samsul 2019: 43-45)。

また第一副支部長のムハマッド・タヒル(一九三九年生まれ)は、ロンボックのササック族で、ロロアンのササック集落に生まれた。彼はイスラーム寄宿塾の教育ではなく、ジェンブラナの教員養成学校を出て、PKI系の教師が大部分を占める県内のパンティ・ヨガ中学校で教師をしていた。その関係で、後述するテガル・バデン事件の当事者となった警察官パン・サントンの実弟で教師をしていたデネンとも親しかったという(Samsul 2019: 47)。そのように新しく発足した執行部は、日ごろからPKI系の住民とも接点のあった人物が多かった。なお、このようなリーダーの下に結集したアンソールのメンバーには、漁民、猟師(動物を捕える人[belantik])、商人、労働者、馬車の馭者などが多かったという(Adnan: 7)。

ジェンブラナ県のNUやアンソールは、デンパサルにあった州支部よりも、むしろ海を渡った東ジャワ、とりわけバニュワンギのNU幹部やアンソール幹部との関係を深めた。たとえば、NUの旗、ペチ(ムスリム男性が愛用する黒いつばのない帽子)、ネクタイ、エンブレムなどはバリで求めようとしても手に入らず、必要な時はバニュワンギへ買いに行った。ジェンブラナ支部の創立記念日の式典の際には東部ジャワのブリタル、スラバヤ、グレシックなどのリーダーが招待されている。また、一九六五年四月にヌガラの街でアンソールの創立三一周年を祝うことになったときにも、バリ各地のアンソールだけでなく、バニュワンギのアンソールが招待された。バニュワンギのアンソールは同地から船をチャーターして何回も往復させ、三〇〇〇人のメンバーとドラム・バンドを七チームも送って来た(Adnan: 14)。もともとジェンブラナのムスリムの多くは、海を隔てたバニュワンギに親戚や親しい知人がいてしばしば行き来をしており、子供たちをそちらの学校に通わせることも珍しくなかったので当然の成り行きであった。こうしてNUとアンソールは少しずつ足場を固め、九・三〇事件の前までには西はギルマヌック(ジェンブラナ県の西端とジャワとを結ぶフェリーの発着場)から、東はペクタタン郡(ジェンブラナ県の東端に位置するタバナン県との境)に至るまで、ジェンブラナ県の村々でNUのランティン(小支部)が次々と設立されるに至った(Adnan: 7)。

アドナンによれば、一九六五年当時、ジェンブラナ県のNUのメンバーは、アンソールのほかに、ムスリマット、ファタヤットNU(ともにNU系女性団体)などすべての関連団体を加えてもせいぜい一〇〇〇名程度でしかなく、それぞれ一万五〇〇〇名ほどのメンバーを抱えていたPKIやPNIとは比べ物にならなかった(Adnan: 18)。NUならびにアンソールは、このように他の政治グループと比べると数的に劣り、存在感が小さいことを自覚しており、九・三〇事件の発生までは、政党間のイデオロギー的な対立には関与せず、自己主張もせず、事態を静観していたようである。スカルノによって一九五九年に作られた総力結集のための組織フロント・ナショナルが主宰してデンパサルで開催された農民大会にアドナンが参加した時、共産系の農民団体であるインドネシア農民戦線（ＢＴＩ）のクルンクン県支部の代表が、農民、労働者を武装させるよう政府に求める決議を出し、全会一致の拍手で可決された。アドナンは、なんて馬鹿げた考えなのだろうと思いながらも「反革命」、「反ナサコム」などと批判されるのが怖くて一緒に手を叩いたという（Adnan: 13）。ＮＵやアンソールがいかに弱く、声を潜めていたのかを物語る回想である。

なお、ジェンブラナのＤＭＩ（ＰＮＩ系のイスラーム組織）に参加している者もいた。これは解散させられたマシュミ系のムスリムを多く吸収していた。マシュミ系の下部組織としてはインドネシア・イスラーム学徒組織（ＰＩＩ［Pelajar Islam Indonesia］）などもあったが、ジェンブラナではこれよりＤＭＩの方がはるかに大きな力を持っていた。ロロアン・バラット区のなかでも、アドナンの住んでいる集落はもともとマシュミ系が強い地域であり、かつてマシュミの全国委員長ナシールが来たとき、彼自らこの地にイスラーム学校の定礎をおいたという歴史もあった。アドナンの一族もマシュミ系であったが、この党が解散されたのち、彼の場合はＮＵに参加した。このようにＮＵに移るものもいたが、しかし、多くは基本的なコンセプトを異にするＮＵよりは、ＰＮＩのＤＭＩへ入る道を選んだのだった。アドナンによれば、彼らはやがてＤＭＩが政党になるという希望を持って入ったのだという。このように、ただでさえ弱小であったジェンブラナのムスリムは分裂しており、そのために勢力を拡大することができなかったとアドナンは述べている(Adnan: 9-10)。

註

★1――このパーセンテージは現在ではさらに高くなっており、二〇〇六年の統計ではジェンブラナ県の人口の二五パーセントを占めている。一九六五年以降一時期、ジャワ人ムスリムを強制的にバリ島外へ国内移住《トランスミグラシ》させるプログラムが実行され、空いた土地をバリ人の外来者が買い取るというケースが続いたため、バリ人の人口比率が高くなったとする説もあるが、それ以後は一貫してムスリム人口は増加の傾向にあったようだ。

★2――昔から、ラジャはムスリムを統治するためにペンブクル(pembekel)という職務を導入し、彼らのカンプンを治めさせた。一方ヒンドゥー教徒を統治するためにはプンガワ(punggawa)という職務を導入した。つまり以前から、その住民の人種的、宗教的、文化的背景によって異なる村落行政の下に置かれるという慣習があったようである。しかし現在はバリのヒンドゥー教徒の村でも「プルブクル」という用語が使われている。

★3――アンソールという名称は、「助ける人」という意味で、予言者ムハマッドの聖戦を助けて最初のムスリム共同体を作ったメディナの人々を指すという(『インドネシアを知る事典』59)。

★4――ロロアン・ティムール区の住民に対してはバイトゥル・コディム・モスク(Masjid Bairul Qodim)で、またロロアン・バラット区の住民に対してはムジャヒディン・モスク(Mesjid Mujahidin)で開催した。

第4章 悪夢の始まり

本章では、まずジェンブラナ県における虐殺事件の経緯をできるだけ詳細に掘り起こしてみたい。事件については多くの書物で言及されているものの、様々な制約からその詳細は正確に伝えられてこなかった。それらは常に「勝者」たちの一方的な語りに基づいており、彼らの自己正当化の論拠となってきた。

1 九・三〇事件発生――ＰＫＩ幹部の逮捕始まる

まず、この虐殺事件の直接の原因となった九・三〇事件について改めて語ろう。一九六五年九月三〇日(一〇月一日未明)、ジャカルタで七人の陸軍将軍が大統領親衛隊によって襲われ、六人が殺された。犯人グループは自らをインドネシア革命評議会と名乗り、将軍たちが、将軍評議会なるものを結成してスカルノ政権打倒を図ったため、それを未然に防ぐために立ち上がったと説明した。

ただちにスハルト少将率いる陸軍戦略予備軍司令部(Kostrad)が反撃の行動をとり、一〇月一日夜までには犯人グループの動きを鎮圧した。そして事件については、インドネシア共産党(PKI)によって起こされた反政府的な行動であると発表された。それを受けて右派政党やイスラーム勢力によるPKI非難声明が続き、イスラーム組織NUの本部は一〇月五日にはPKIの解散を求める決議を採択した。NUの青年組織アンソールのジェンブラナ支部リーダーであったアドナンは、このニュースを国営放送で聞いたとき、「あまりにも大胆な決議だ。(NU中央の)イドハム議長は、バリにおいてNUは少数派だということを忘れているのではないか」と思い、危機感を感じたと述べている。弱い立場にいる自分たちが、PKIから報復を受けるのではないかと恐れ、それ以後は不安で眠れなくなり、国軍の庇護を求めたというのである。ジャカルタでは、これ以降、PKI関係の事務所や、またPKIとのイデオロギー的な関係から中国政府の機関、華僑団体や学校などが次々と襲撃されはじめ、さらにPKIのリーダーの逮捕も始まった。中部ジャワでは早くも一〇月の中頃からPKIを根こそぎにするための殺害が始まり、やがてそれは東ジャワに飛び火していった。

ジャワやマカッサルの国軍はPKIの活動禁止や資産凍結措置を取っていたが、バリでは国軍の地区

（ウダヤナ師団）司令官（Pangdam Kodam XVI/Udayana）のシャフィウディン（Sjafudin）准将と州知事のステジャがスカルノ信奉者であったことも影響して、一〇月段階ではＰＫＩに対し強硬措置は発していなかった。またステジャ知事はメディアに対し一〇月一三日に、九・三〇事件をあまり大きく騒ぎ立てないように要請していた。政府、警察、国軍などに勤務している者がすべて反共主義者というわけではなく、当然軍や政府機構のなかにも、ＰＫＩ党員やその同調者がいた。そして地域によってもその力のバランスは多様で、全国的に同じ趨勢で権力闘争が進展していたわけではなかったのである。

国軍に逮捕されるPKI関係者（上）と住民につるしあげられるPKI関係者（下）　インドネシア国立図書館提供

　しかしバリで何の動きもなかったわけではない。島内各県の県知事たちは以前からブレレン県知事を会長として県知事会を組織し、毎月持ちまわりで会合を開催していたが、九・三〇事件後もまもなくバドゥン県で集まった。当時はタバナン県知事のように毎晩場所を変えて寝ている首長もいたほど状況は不安定であり、会合では暗い空気の中で様々な情報が飛び交ったという。そこでは、事件はPKIによるクーデターであるとの結論に達し、その趣旨の声明が発表された。県知事会合ののち、参加者全員で州知事に面会して意見を聞こうということになって、デンパサルへ出かけたところ、非常に緊張した面持ちで現れたステジャ知事は「ブンカルノ(スカルノ大統領の愛称：筆者注)がいうことが私の言葉だ」とだけ述べて中に入ってしまったという。この回答に県知事たちは怒り、「州知事の姿勢には失望した」という趣旨の声明を出して知事の更迭を求め、各方面に発送した(Jelantik & Suarja 2007: 136-138)。多くの県知事がステジャ知事の更迭を求める中、PKIの支持者であったギアニャルの県知事だけは署名しなかった(Suryawan 2007: 207)。

一〇月一七日には、バリのインドネシア国民党(PNI)、NU、カトリック党が共同声明を出し、スカルノ大統領にPKIの活動停止を要請した。この時、民族主義政党パルティンド党の支部長イ・マデ・マンディアはバリにいなかったため共同声明に署名できず、結果的にPKIシンパと見なされてのちに逮捕されることになる(Ardhana & Wirawan 2012: 386)。なお、パルティンド党の党本部は一〇月四日に、またバリ支部は一一月一五日に九・三〇事件を陸軍内部の対立によるものだという見解を発表した。そのため、事件の前にも後にもPKIならびにその傘下の団体と協力関係を持っていた気配がある、との理由で同党に対して国軍当局から解散要求が出された。

この頃すでに、海峡を隔てた東ジャワのバニュワンギでは、イスラーム勢力とＰＫＩの間で流血騒ぎが発生していた。たとえば一〇月一八日、アンソールに所属する若者たちがムンチャル(Muncar)とバニュワンギからトラック四台、車三台、モーターバイク四台に分乗して、ＰＫＩの巣窟と呼ばれていたカランアセム(Karangasem)村に攻撃をかけた。ところが、まだＰＫＩの力が強かったため彼らは反撃に遭ってしまう。ＮＵの婦人団体ファタヤットの制服を着たＰＫＩの女性たちに招き入れられ、アンソールの青年たちが信用して家に入ると、待ち受けていたＰＫＩのメンバーに攻撃され、六四人もの犠牲者を出したという。また、このとき差し出された茶菓には毒が盛られており、口をつけたところ倒れたという報告もある(Report from East Java 1986: 137-138)。

このようなニュースは、ムンチャルやバニュワンギから来た漁師たちによってジェンブラナのアンソールにも伝えられていたが(Adnan 21)、バリではまだ何の行動も発生していなかった。この頃、バニュワンギを訪れたアドナンは、同地区のＮＵ支部長に会ったところ「ＰＫＩと闘わないなんてお前らはバンチ(男娼)か」と叱責されたと不満を述べている(Adnan 19)。それほど地域によって状況は異なり、バリでは小競り合いなどは生じていたものの、各勢力の代表間で行動自粛が申し合わされて、ある程度のバランスが保たれた状態が続き、住民たちも通常の生活を続けていたのだった。一一月一日の時点でもパルティンド党の州支部長が、中国からの訪問団を迎え入れることができたという事実がそれをよく物語っている(Ardhana & Wirawan 2012: 385)。

それでも一〇月末ごろから様子が少しずつ変わり始め、一〇月二八日の「青年の誓い」記念日に、PNIのバリ支部長メルタの下、一五〇〇名の群衆が動員されてデモが行われ、州政府からPKI関係者を一掃して政府機構を「清潔に」させるよう、ステジャ知事に求める行動を起こしていた(Aju 2015: 110 & Slamat Trisla 2013: 127)。その時ステジャ知事はジャカルタに召喚されていたのであるが、一一月一日にバリへ戻ると、ようやく公務員の思想動向を取り調べるスクリーニングチームを設立して、状況により緊急に対処するための法的措置を取った(KEP. PPD. 2/1/231ならびに232)。次いで一一月三日PKIをはじめ、人民青年団(Pemuda Rakyat)、レクラ(人民芸術団体)、全インドネシア労働者中央機構(Sobsi)、教員組合(PGRI non vak central)、学徒団体(IPPI)など、その傘下の団体の活動禁止命令が出され、その幹部たちには、地元の警察に出頭・報告する義務が課された(KEP. PPD. 2/1/234)。同日、バリ全域で夜間外出禁止令が布告された(PENG-004/PEP/1965)。またステジャは、PKIとその傘下のすべての活動を凍結するという趣旨の決議に署名した(Slamat Trisla 2013: 127)。翌四日にはPKI系の二つ新聞(*Fadjar*と*Bali Dwipa*)が発行禁止になった(KEP. PPD. 2/1/235)。さらに八日には華人の団体である国籍協商会(バペルキ)の活動が凍結された(KEP. PPD. 2/1/268)(Aju 2015: 62)。

PKI関連組織の凍結やリーダーたちのパージなどに限定されていた弾圧は、一一月六日、ついに警察行動の名の下、PKIと告発された人物の家の焼き討ち、略奪へと移行する。ただし、この段階では、一方的な攻撃ではなくＰＫＩ側も抵抗したためにＰＮＩやアンソールからも犠牲者が出ている。たとえば、北部のブレレンの県庁所在地シンガラジャでは、一一月一一日にＰＫＩ系の人民青年団と、アンソールおよびＰＮＩ支持者の間で衝突が発生し、人民青年団四人、アンソール二人、ＰＮＩ一人が死亡している(Robinson 1995: 291)。なお、このときシンガラジャでは二日間にわたって華僑の商店が襲われ、略奪が続いた(ハリムならびに陳国明［Tan Kok Bing］とのインタビュー)。

デンパサルでは一一月三日から一〇日の間に大掛かりな逮捕が行われ、逮捕された人々はサングラ病院近くの倉庫に収容されたが、収容能力六〇〇人程度のところに一八〇〇人が詰め込まれた(Ardhana & Wirawan 2012: 388)。

では、このときジェンブラナはどのような状況だったのだろうか。ジェンブラナ県の防衛ならびに治安維持には、北海岸のシンガラジャに司令部がある七四一大隊配下の一個中隊(D中隊)が配属されていた。その中隊長サフロニ(Safroni)中尉はジャワ人で、デンパサルの師団司令部に勤務しシャフィウディン師団長の副官を務めていたが、この少し前に、ジェンブラナに転属になっていた。この中隊の兵力は約一七〇名であった。

ジェンブラナでは、当初は県知事が各政党や軍の代表を集めて会合をもち、ジャカルタの状況を説明するとともに「ジェンブラナは冷静に」と訴えた。そのような状況のなかで、人々は言いようのない不安に包まれていたが、その正体が何なのかはわからなかった、とアドナンも証言している。彼によれば、東ジャワのキヤイ(イスラームの教師)たちは、牛や山羊の皮で作った御守、籐(ラタン)などの杖、チョッキ、馬の鞭、不死身になるためのお守りなどをジェンブラナのサントリ(イスラーム寄宿塾の生徒)に送ってきた。油と鶏卵をもらって呑んだものもいる。中部ジャワ・ペカロンガンのキヤイの息子がわざわざやってきて、これを着ると不死身になるという服のボタンをくれたこともあったという。サントリたちがあまりにたくさん来るので、アドナンは、これはなんの兆候なのかと戸惑った。最初は、当時問題となっていたマレーシアとの対立の関係かと考えたが、たとえイギリスの援助を受けたとしてもマレーシアがここまで攻撃してくることはないはずだ、と不思議に思った。ウントゥンのクーデター(九・三〇事件のことを指す)と関係があるとは思いもしなかったというのである(Adnan: 17ならびにSamsul 2019: 117-118)。

アドナンによれば、ジェンブラナの状況がかなり緊迫し、武力行動が発生するようになったのは、一一月のある金曜日の昼頃、ヌガラの公設市場で奇妙な出来事が発生して以後のことだという。この公設市場の商人の多くは東隣のタバナン県のパンダン村の出身者であった。市場長はジェンブラナ県のＰＫＩ副支部長で、彼の意に沿わないと営業が難しいことから多くの商人がＰＫＩの支持者になっていたという。その日、市場の商人たちが特に理由もなく市場から飛び出して、一斉にヒステリックに叫びだしたため、市場にいた人々は皆パニックに陥った。しばらくするとパニックは沈静化し、このとき犠牲者は出なかった。しかし翌日様子を見るためにアドナンが市場へ行き巡回していたところ、その間、市場長がずっとこっそり後をつけてきた。彼はそれまで時々アドナンの家に来て彼の父親に会っていたので、顔見知りであった。市場を出ようとすると彼は「ポケットに入っているものを出せ」と、アドナンを引き留めた。中身はパーカーのボールペンだったが、市場長はそのキャップを開け閉めしながら「ナイフを持っているのかと思ったものでね」と言った。アドナンは「ボールペンは武器じゃないけど、人を殺すこともできるぞ」と応じた。張り詰めた空気の中で二人はそれぞれの思いを込めて微笑を交わした(Adnan: 19)。不気味な緊張をはらんだ出来事だった。

それと前後してアドナンが自転車で市場の前を通りかかったところで、PKI系の人民青年団の活動家になっていた中学時代の友人に会った。彼はアドナンに自転車からおりろと言い、アドナンが従うと、まるで警官が泥棒を取り調べるときの様に腰の周りを探った。武器を持っていると思われたのだろう。武器を持っていないとわかると彼はアドナンを抱きしめ、「ジャカルタの情勢に同調する必要はない。我々は家族的にやろうじゃないか」と言った。アドナンはそれを、「バリのNUはジャカルタのNUの決定に従うな」というメッセージだと受け取った。「一緒にカワイ子ちゃんがやっている屋台でコーヒーを飲もう」と誘われたがアドナンは断り、先に帰った。しかし、そのあと友人は屋台街でコーヒーを飲みながら、「ナスティオン(九・三〇事件で襲撃を受けながら唯一生き残った国軍の将軍)は裏切り者だ。やっつけなければならない」と息巻き、それを隣の屋台にいた国軍の諜報員に聞かれてしまった。彼はただちに逮捕され、中隊に連行されて殺されたという(Adnan: 20)。状況はかくも緊張をはらんでいた。

この市場での事件後、PKIは同意事項を破り、力の均衡状態を崩したと判断され、国軍は周辺の村落に住むＰＫＩのリーダーたちを逮捕し、住居の焼き討ちを開始した。何かのきっかけでバランスが崩れＰＫＩは防戦の立場に追いやられたようである。ただし、この段階での逮捕はまだＰＫＩの幹部だけが対象で、一般党員やシンパにまでは拡大していなかった。逮捕された者たちはヌガラの警察の拘置所に収容された。検事出身であるジェンブラナ県知事のドースターは自ら逮捕者の取り調べに当たったようで、その時のことを次のように記している。

国軍、警察、検察と私は、ＰＫＩの青年たちを逮捕することで一致した。捕まえて警察に拘留した。警察、検察、国軍から成る取り調べチームを結成した。取り調べ調書を作成した。私は作成された調書のいくつかを点検した。極めて簡単なものだった。いくつかの質問をし、いずれも「そんな運動のことは知りませんでした」という返事だった。検事出身の私には、そんな簡単に取り調べただけでは答えはどんな風になるかは分かり切っていた(Jelantik & Suarja 2007: 139-140)。

やがて、取り調べられるべき者の数が多すぎるため、警察の拘置所には収容しきれなくなり、そのうち二〇〇人余りが、ちょうど空き家になっていたヌガラ市街地のロロアン・バラット区の華僑商店「トコ・ウォン(Toko Wong)」に身柄を移された。そのことがＰＫＩ側に知られ、彼らは、逮捕された者たちをトコ・ウォンから救い出すためにヌガラの街を総攻撃しようとしているとの噂がとびかった

(Suryawan 2007: 143)。このような緊迫した情勢の中でPNI、PKI、NUなど政治団体ごとに夜警組織が編成された。このような夜警組織は、誰が共産主義者かそうでないかを見極める役割を果たしていた。PKI系の夜警詰め所に姿を現していれば、逃れようもなく共産主義者だというわけである。アンソールの夜警団はひとチーム七人くらいで編成され、兵士が一名ついていた(Samsul 2019: 126)。アドナンらロロアン・バラット区のアンソールの青年たちは、ロロアン・ティムール区のバンジャル・メルタサリ方面からPKI関係者が入ってくるのを阻止し、イスラーム寄宿塾などを警備するために夜警団を組織して、後述するテガル・バデン事件が発生するまで毎晩ヒンドゥー墓地で寝泊まりしたという(Adnan 22)。

一一月二五日付の全国紙「シナール・ハラパン(Sinar Harapan)」は、バリのPKIは自ら解散を決めたと報じている。陸軍の歴史研究所によれば、ジェンブラナでもPKIは県知事の前で解散し、「PKIによる九月三〇日運動(G30S/PKI この事件の公式名称)を粉砕するために軍に協力する」と誓ったという(Cribb 1990: 260)。

2　ジェンブラナ大虐殺の発端――テガル・バデン事件

そのような空気のなかでテガル・バデン事件は発生した。テガル・バデンは、ヌガラ市街地からみて南西に隣接する村で、ＰＫＩ勢力の強い地域の一つであった。この村にはムスリムも数多く居住していたため、彼らを統率するムスリムの村長と、ヒンドゥーの村長とが併存していたが、その地理的境界はあいまいである。現在はテガル・バデン・ティムール（東テガル・バデン）とテガル・バデン・バラット（西テガル・バデン）の二つのデサに分かれている。

これまで一般に流布していた説に従えば、事件のあらましは、テガル・バデン村に住む警察官パン・サントンの家にＰＫＩ関係者が集まって秘密会合を開いているという報告を受け[★1]、ジェンブラナ駐屯の国軍、Ｄ中隊の兵士とアンソール部隊がそれを「解散させるため」現地に赴いたところ、マナド人の軍人一名、ジャワ人のアンソール隊員二名が殺害されたというものである。この結果、軍隊およびアンソール内部での怒りが爆発し、これ以後報復のような形でＰＫＩに対する前代未聞の狂気的な虐殺が続くことになった。

秘密会談が行われているという報告は、その近くに住むムスリムの村人からヌガラのアンソール本部や治安当局へ届けられた。当時アンソール書記で、この報告を受けた当事者であったアドナンが、ＮＵ

の公式歴史編纂に際して語った説明によれば、このムスリムの通報者にはＰＫＩ党員の幼なじみがおり、日ごろから一緒に家畜の飼料集めをしていた。しかしその日に限ってＰＫＩの友人がまだ早い時間に帰ろうとするので不審に思い「なぜか」と問いただしたところ「パン・サントンの家で会合があるから警備を手伝わなきゃならない」と答えた。そこでムスリムの男性はあわててＮＵのリーダーに報告したのだという(Abdul Mun'im 2014: 155)。

アドナン自身は報告を受けた当時の状況を次のように書いている(Adnan: 24)。

一九六五年一一月三〇日の一八時、テガル・バデン村のアンソール支部(ranting)長でムスリムの村長でもあるアスムニ(Asmuni)[★2]が私に会いに来た。村の入り口にあるパン・サントンの家でＰＫＩが会合を開いているというのである。……私はその情報が正確だと思ったので、アスムニにＮＵの事務局へ行き、党ジェンブラナ支部書記のアミンに報告するように言った。さらにアスムニはアミンといっしょに、Ｄ中隊の本部に行った。

私はちょうどその日、トコ・ウォンに収容されているアサリという人物を取り調べる約束をＤ中隊のスウォンド(Suwondo)軍曹としていたので、マグリプ(日没)の礼拝ののち軍曹の家に行き、テガル・バデンでの非合法の会合について報告した。軍曹は中隊本部に向かった。

その頃、ジェンブラナ駐屯の国軍はすでに集会の情報を得て、現場に駆け付ける体制を整えていたようでアドナンによれば事情はこうであった(Adnan: 24)。

私はNUの事務局へ行くことに決め、そちらへ向かったところ、十字路に中隊のトラックが停まっていて、アンソールのメンバーと国軍兵士が乗っているのが見えた。[★3] 私は追いかけたが乗れなかった。アンソールのアリフィン(Arifin)が猛烈なスピードで追いかけてトラックに乗ろうとした。その時すでに乗っていたスパルミン(Suparmin)がアリフィンの腕を引っ張ってトラックに乗せたのが見えた。

実はここで語られているアリフィンとスパルミンが、このあと事件の犠牲者になるわけで、これは彼らにとって生死の境目の瞬間だったわけである。

すべての説明は非常に理路整然としているが、混とんとした状況の中でその整然さが不自然ですらある。そもそもパン・サントンの家に多くの人が集まっていたのが事実だとしても、それを近くに住むムスリムが、「秘密会合」だと判断したのはいったいなぜなのだろうか。この時期お互いに不安におびえているので、仲間同士なんとなく集まっていることは当然しばしばあったと思う。当時は多くの者が集まることが禁止されていたうえ、夜間外出禁止令も出されていたので、「集まっている」というだけで報告すべきことと考えたのかも知れないが、しかしそれを「会合」と判断して通報したのは、本当にそのムスリムの自発的な行為だったのだろうか。

このときトラックでテガル・バデンへ向かったアンソール隊員たちから、のちにアドナンが聞いた話をまとめると、現場の様子はおよそ次のようであった(Adnan 2016: 24-25の要約)。

道中、レラテン(Lelateng)区(ヌガラ市街地)あたりへ来たところで銃声が聞こえた。会合を行っている者たちに対する威嚇のようであった。目的地の一〇〇〇メートルほど手前でトラックは止まり、その銃声を調べてこいと言われたソマ(Soma)伍長だけがトラックでさらに進んだ。他の者はトラックを降りて歩いて現場へ向かい、二つのグループに分かれた。左側のグループはひとが歩けるだけの狭い道を進み、もう一つのグループはD中隊のフェンチェ・レガル(Ventje Regar)二等兵が率いて街道を通っていった。アンソールの隊員たちはそれぞれ小刀や籐の棒を持っていた。

パン・サントンの家の前まで着くと、レガルが「会合を解散せよ」と叫んだ。するとパン・サントンが出てきて即座にレガルを狙撃した。そばにいたアンソール隊員のアシキンが倒れたレガルを道路まで引きずって行き、彼の武器が奪われないようにした。

アンソールのハエルディンが、レガルが所持していた銃を抜き取ることに成功し、弾がなくなるまで反撃した(傍点は筆者による)。PKIの連中は撃たれた軍人がまだ生きていると思って後退した。

著者のインタビューを受けるスアラ氏

アンソールも大通りへ後退した。レガルは死んだ。アンソール隊員のラヒミンは弾の無くなった銃を抱えて三キロ走り、中隊に報告に行った。

左側へ行った方のグループもPKIと衝突した。PKIは火器を持っていた。そしてアリフィンとスパルミンという二人のアンソールのメンバー（ともにジャワ人）が死んだ。射殺ではなく、刃物での殺傷だった。

以上がアンソールならびに国軍関係者からの証言である。これまでの通史は、すべてこのようなアンソールや国軍側の解釈に基づいて書かれていた。

一方、筆者が得たパン・サントンの周辺の人々からの証言は全く異なっている。事件当日、国軍やアンソール部隊との小競り合いの現場に居合わせ、自らも負傷したテガル・バデン村の住民スアラ（Suara）によ

村人たちが集められたマジャパヒト寺院

れば、一九六五年一一月三〇日の朝、テガル・バデン村や隣接するバルック村のＰＫＩ支持者のもとに、マジャパヒト寺院（Pura Majapahit）に集まるようにとの命令が村の上層部から届いた（スアラとのインタビュー）。マジャパヒト寺院は、バルック村に位置するこの地域の中心的なヒンドゥー寺院で、昔ジャワがイスラーム勢力に攻めこまれた時、バニュワンギのブランバンガン王国のある王族（パンゲラン）が一族の四〇人を率いてこの地に逃れてきて定着し、建立したものといわれている。

スアラも、この日呼び出された一人だった。彼の父は元警察官でヌガラに住んでおり、スアラも小学校を終えるまでは同地で過ごしたが、事件当時には一族の出身地であるこの村へもどり、家庭を築き子供にも恵まれていた。寺院《プラ》へ集まれという通達を受け、彼も不安な面持ちで近隣のものたちといっしょにマジャパヒト寺院へかけつけた。マジャパヒト寺院に集められたＰＫＩ支持者たちは、軍隊や反共主義者が監視する中、口頭でＰＫＩから離脱することを誓わされた。スアラの表現を借りれば「今後、村のなかで共産主義について口にしない」ことを誓わせられたのだという。どうやらこの頃、同様のことがあちこちのヒンドゥー寺院で行われていたようである(スアラとのインタビュー)。

マジャパヒト寺院での宣誓が終わったのち、彼らはそれぞれの家へ戻ることが許されたが、これからどうなるのだろうという不安が消えず、恐れ、同じ村の中に住むジェンブラナの警察署所属の警察官パン・サントンの家に様子を聞きに行った。彼らによれば、不安な村人たちが情報を求めて自然発生的にバラバラと集まってきただけで、会合を開いていたわけではなかったのであるが、たまたまパン・サントンの家の近くで家畜の飼料を探していたアンソールのメンバーがそれを見て、ＰＫＩが非合法な会合を開いているとテガル・バデン村のイスラーム村長やアンソール・リーダーに知らせたというのである。

スアラによると、状況は次のようであった。

そのとき私たちは、パン・サントンの家だけでなく二組にわかれて、二軒の家で警備していました。私はもう一軒の方の家で待機していたので、軍が来たのは知らなかったのですが、発砲音がしたのでパン・サントンの家にかけつけました。真っ暗で誰が敵で誰が味方か分からなかったのですが、私は突然刃物で切りつけられ怪我をしました。パン・サントンは、われわれに逃げるようにと指示しました。私は怪我をしたままヌガラにいた両親の所まで逃げました（同氏とのインタビュー）。

しかしパン・サントンの家族の証言は、スアラの説明と幾分異なり、事件が起こったのは近隣のＰＫＩシンパたちもすでに家路につき、パン・サントンも家族も寝静まった後のことだったという。つまり、「集まっている」という状況ですらなく、すでに眠っていたのを真夜中に起こされたということだったという。当時一〇歳だったパン・サントンの息子ウェスタ（Westa）は次のように証言している。

その夜（一一月三〇日の深夜）一二時頃、ドアを激しくたたく音で起こされました。入ってきた連中はドアを開けると同時に発砲したのですが、幸い父には当たりませんでした。父は私たちにサロン（腰布）を被せ、外から見えないようにしました。銃声を聞いていったん解散していた人たちが再び集まってきました（発砲音を聞いて駆け付けたというスアラの証言とは一致する：筆者注）。たぶん一〇人位ではなかったかと思います。そんなに多くはありません。父が、「母さんと子供たちは逃げるように」と言ったので田んぼに逃げこみ隠れました。暫くして（午前三時頃）田んぼから家の方を見ると、家が赤々と燃えているのが見えました。それ以降、二度と父に会うことはありませんでした（同氏とのインタビュー）。

パン・サントンと同じ敷地内の少し奥の建物に住んでいた甥によれば、家に人が集まって会合を開いていたなどということはまったくなく、パン・サントンも眠っていた。しかし家の外が騒がしくなったため、パン・サントンの兄ヤルドゥが、眠っていた彼を起こした。激しくたたくドアを開けると軍隊が見えたので、ヤルドゥがベッド脇に置いてあったパン・サントンのピストルを取って発砲した。この事件の直後、ジェンブラナにいたパン・サントンの七人の兄弟はすべて逮捕されたという（スアンベとのインタビュー）。

パン・サントンの家で発生した事件は、ただちに国軍の中隊司令部とアンソールの事務局に報告され、殺されたアンソール隊員アリフィンやスパルミンの家族にも知らされた。アリフィンはジャワ人で、成人してから姉と共に東ジャワのマランから移住し、ヌガラのイスラーム集住地区レラテン区に住んでいた。以前からヌガラに在住していたジャワ人女性と結婚し、子供ももうけて当時はモーターバイクの修理業者として働いていた。一方、スパルミンも同じくジャワ人であったが独身で、楽隊の指揮者として活躍していた（ルスディ氏とのインタビュー）。アリフィンの次男（ハリアディ［Hariadi］：当時九歳）は、知らせを受けた時のことを次のように語った（同氏とのインタビュー）。

夜中の一時半まで待っても父はまだ帰って来ませんでした。なぜか二本のクリス（インドネシアの伝統的な短い刀：筆者注）だけが家に戻ってきました。母は何かあったんじゃないかと胸騒ぎを覚えていました。朝六時頃になって初めて、アンソールのメンバー二人と兵隊一名が殺されたというニュースが入ってきて大騒ぎになりました。テガル・バデン村のジュプンと呼ばれる木の下で父の遺体が発見されました。遺体は家に運ばれました。後頭部を撃たれていました（傍点は筆者による）。服には刃物で切られた跡がたくさんありましたが、体は傷ついていませんでした。発見されたとき一方の腕を胸に当て、足を曲げていました……。

「後頭部を撃たれて」いたというのは、刃物で殺されたという通説と異なっており、もし本当だとすれば、どこから発射されたものか不審が残る。そもそも、警察官であるパン・サントンがピストルを持っていたことは分かるが、アンソール隊員は銃器を所持していなかった。しかしその場に居合わせたアンソール隊員たちの証言によれば、レガル兵士の銃を取って「弾がなくなるまで反撃した」（傍点は筆者による）とのことであったが、だとすれば弾は国軍の兵器から発射されたものと考えられ、味方によって撃たれた可能性もある。

殺されたアリフィンの甥（姉の息子）で、当時一三歳（一九五二年生まれ）だったルスディ（Rusdi）は、その翌朝のことをよく覚えている。

殺されたアンソール隊員の遺体を収容しようと多くの人々がテガル・バデンへ向かい、その行列はテガル・バデンの手前三キロから続いていました。アリフィン叔父さんとスパルミンさんの遺体は一二時頃になって井戸の中から発見されました。遺体はそれぞれの家に運ばれ、マンディ(水浴)させたのですが、スパルミンさんは性器が切り取られていました(ルスディとのインタビュー)。

ところで、スパルミンの兄スラエマン(Sulaeman)は、実はPKIであったという。しかしそのことを自分では認めようとせず、反対に弟が殺されたことによって自分の仲間であるPKIのメンバー(ヒンドゥー教徒)に対して腹を立てて殺害し、その性器を窓につるして人々の目にさらしたという(ルスディとのインタビュー)。

アドナンはこの二日前に、トコ・ウォンの前でスパルミンと話をする機会があったという。そのとき彼はアドナンに「御守(zimat)を持っているか」と聞くので、「もっていない」と答えると、彼は胸の中にある御守を見せてくれたそうだ。彼の腕や体のいたるところに皮と小さな竹で作られた御守が巻き付けてあった。彼はアドナンに「あなたはあまりにも警戒心がない、こういう危険な時には気をぬき過ぎてはだめですよ。ましてやあなたは支部の幹部なんだから」と忠告してくれた。しかし、その彼が倒れてしまったのである(Adnan 25)。

国軍の方も、レガル兵士が殺されたという連絡を受けて、ヌガラのD中隊は騒然となり、兵士たちがその夜のうちにいっせいに現場に急行した。レガルと同じくマナド出身で、ジェンブラナに配属されるずっと以前からの朋友であったヤンチェ・ダニエル・ペンガン(Yantje Daniel Pengan)はその時のことを次のように証言している。

遺体は小高い丘になっている道路わきに横たわっていた。レガルの銃はアンソール隊員が撤退するとき持って行ったが、しかし胸のポケットに銃弾は残っていた。俺は、レガルの遺体のポケットから弾丸を抜き取りながら、「必ずこれで復讐してやるからな」と誓ったんだ(ペンガンとのインタビュー)。

「ポケットに銃弾は残っていた」というペンガンのこの証言は、「弾がなくなるまで反撃した」というアンソールの人たちとの証言とは異なっている。

ペンガンによれば、フェンチェ・レガルは、彼と同郷でスラウェシのマナドの出身であるが、一九五七年にアメリカの支援を受けて中央政府に対して立ち上がったペルメスタの反乱に参加していた兵士だった。ペルメスタはやがて降伏し、その参加者たちは、スカルノ大統領による恩赦を受けて、一部の者は厳しい思想教育ののち、インドネシア国軍に編入された。レガルも三一人の仲間と一緒にジェンブラナの部隊に配属されていた(詳細は第五章を参照)。つまりペンガンは、ペルメスタ時代から運命を同じくしていたレガルの同僚だったのである。

なお、その日ジェンブラナの国軍の最高責任者であるD中隊のサフロニ中尉は、デンパサルへ用事があって出かけ、ようやく夜になってヌガラへ戻ったという証言がある。中隊長に同行していたという隊員トーマス・ロピ・ケラフ（Tomas Lopi Keraf）によれば、一行は、夜遅くヌガラへ戻って初めてその事件を知ったのだった。トーマスの話はこうである（同氏とのインタビュー）。

デンパサルからの帰路、ギルマヌックに続く街道はずっと警戒厳重で、あちこちで軍隊がパトロールしていました。……そのような状態でヌガラに着き、中隊司令部に戻ったとき、サフロニ中隊長は、部下たちが司令部に居ないのを知って怒りました。実はテガル・バデン村から連絡を受けて多くの者がその周辺へ散って行っていたため不在だったのです。それを知らないサフロニ中尉は、「誰が俺の部下たちにデサへ行けと命令したんだ」と怒ったのです。私たちは、テガル・バデンの方向に赤い火の手が上がるのを眺めながら遅い夕食を取りました。そうこうするうちにテガル・バデンで、部下の一人であるレガルが殺されたという連絡が入り、サフロニはさらに怒り狂いました……。

この事件で犠牲になったのがジャワ人ムスリムのアンソール隊員と、マナド人キリスト教徒の国軍兵士――しかも元反乱兵――で、本流のバリ人から見るとマイノリティであったということは、この事件がその後の政局に与えた決定的な意味を考えると、きわめて意味深長である。これについては第六章で詳述する。

3　パン・サントンの運命

ところでパン・サントンはどうなったのだろうか。彼は自分が勤務するヌガラの警察署に逃げ込もうとしたが、部下の一人の話によると、彼が「ここにいては危険ですからデンパサルに逃げてください」と自ら付き添ってパン・サントンをデンパサルの州警察本部へ出頭させたという。それを知らない国軍部隊は、仲間が殺された怒りに狂ってアンソール・リーダーのアドナンを伴って警察本部に赴き、パン・サントンを引き渡すよう求めた。しかし県警察署長は「パン・サントンという者は自分たちの部隊にはいない」と言い張った（Adnan 26）。日ごろから国軍との対抗意識を持っていた警察があえてパン・サントンを匿ったのか、あるいは本当に「そのような者はいない」と思ったのかは微妙なところで確定できない。実は、「サントン」というのは彼の本名ではなく、娘の名前であった。バリの村社会では互いの呼称において本名はほとんど使われない。一番上の子どもの名前をとって「サントンちゃんのお父さん」というような呼び方をすることが多い。だから近所の者はもちろん、警察の同僚たちでさえイ・グラ・ワンドラ(I Negah Wandra)という、職場に正式登録されたこの警察官の本名を失念していたとしても不思議ではないのである。警察へパン・サントンを探しに行ったが「知らない」といわれた軍人たちは頭に血がのぼって暴れだし、署内の事務机を壊すなどの狼藉を行った。警官のヘルメットが蹴飛ばされて道路に飛び出し、市場にまで転がっていったと、同行していたアドナンは証言している(Adnan 26)。

筆者の調査の協力者であった警察官ワヤン・デニアは、当時、デンパサルの州警察本部に勤務していたのであるが、彼はデンパサルに着いたパン・サントンと顔を合わせている。彼は、警察の一室で身柄を保護され、取り調べを受けたが、その時ワヤン・デニアは、拘留されている部屋から取り調べの場までパン・サントンを連れて行く役割を与えられ、口を交わす機会を得た。自分がヌガラ出身であることは口にしなかったが、故郷での出来事なので非常に関心を持っていてあれこれ尋ねたところ、はっきり聞いたのは、パン・サントンが「自分は発砲していない」と述べた言葉だった。ワヤン・デニアは、「兵士レガルの命を奪った銃弾がパン・サントンのピストルから発射されたものかどうかは調べればすぐわかることであるのに、軍当局は遺体の解剖もしなかった。それが不思議だろう?」と、意味ありげに何度も筆者に語った。

デンパサルでは毎日取り調べが行われたが、その間国軍がひっきりなしに、身柄の引き渡しを要求してきた。ワヤン・デニアの知る限りだけでも国軍は三回、パン・サントンの身柄を要求しに来たという。

それがあまりにもうるさいので、警察は自分たちの手でパン・サントンを処刑することにし、ワヤン・デニアの所属する部隊がそれを命じられた。ほどなくパン・サントンは当時デンパサル周辺地域の主たる刑場であったバドゥン県メングイ郡のカパル村へ運ばれ、殺された。一人だけの処刑で、彼の遺体はそこに用意されていた穴に葬られた。秘密裏に連れ出されたので、ワヤン・デニア自身は処刑に立ち会うことはできなかったが、彼の上官であるジャワ人が執行したということであった(ワヤン・デニアとの会話)。

ヌガラのロロアン・バラット出身の映画監督・脚本家イクラネガラは、一連の虐殺の始まりとなったこのテガル・バデン事件のことを、「九・三〇事件」をもじって「一一・三〇事件(Gerakan 30 November)」と名付け、それ以来、バリではそのように呼ばれることがある。

註

★1——会合が開かれていたといわれる場所は、パン・サントンの家のすぐ隣にある、プラ・パンデで、ちょうどこの日はこのプラ(寺院)の儀式(ピオダラン)だったという情報もある(Suryawan 2007: 150-151)。

★2——多くの人がアスムニをテガル・バデン村のムスリム村長として記憶しているが、現在のデサ・テガル・バデン・ティムール村が保存している正規の記録("Sejarah Desa Tegal Badeng Timur")によれば、当時の村長はカルユビという人物で、アスムニが村長になったのは一九七七年から七八年までの二年間であった。しかし非常に重要な役割を果たしていたようで、至る所で彼の名前を耳にした。

★3——トラックには数人の軍人が乗っていたというが、アドナンによればその夜、軍服を着ていたのはミスカルとレガルだけだった。

第5章 一方的「報復」の様相

1 怒り狂う国軍兵士とアンソール

テガル・バデンで殺された三人はドースター県知事の判断で「英雄」としての扱いを受けることになり、翌一二月一日の朝、ヌガラの英雄墓地に埋葬された。事件のあと、ジェンブラナの状況は激しく一転した。国軍もアンソールも自分たちの仲間が殺されたことに異様なまでの怒りを燃え上がらせたのである。軍人一人を失った国軍は、中隊兵舎前でデンパサルとギルマヌック(ジャワからのフェリーが到着するバリ島西端の港町)を結ぶ街道を封鎖すると、東西を往来する車両をすべて止めて検問し、怒りをぶつけた。

たとえば明け方に西方から、インドネシア共産党(ＰＫＩ)が強い基盤を持っているというパンティ・

テガル・バデン事件で亡くなった3人はヌガラの英雄墓地に葬られた

ヨガの中学の生徒たちが自転車で通りかかると、停止させ、フェンスの板を引き抜いて中学生たちをなぐり殺した。彼らがＰＫＩかどうかなどお構いなく、仲間が一人殺された腹いせを中学生に向けたのである。

中隊に駆けつけたイスラーム組織ＮＵの幹部とＮＵの青年団組織アンソールの隊長ダマンフリとによれば、そこを通りかかった者はすべて調べられ、ＮＵの身分証明書なりインドネシア国民党（ＰＮＩ）党員証を持っていなければその場で射殺された。さらにギルマヌックへ向かうバスを止めて満員の乗客を全員降ろし、大半をその場で射殺すると、残った乗客も街道を挟んで中隊の向かい側にある田んぼに追いこんで射殺した。直後に偶然そこを通りかかったあるアンソールの隊員は、死体をトラックに積むのを手伝うように言われた。約七〇体もの遺体がトラックに積みこまれ、西に向かって搬送されていったという。そしてひとりの軍人が死体から腕時計を奪い、駄賃代わりだと言ってそのアンソール隊員にくれた(Adnan 26)。

ジェンブラナの郷土史家であるワヤン・レカンによれば、ジャワからPKIのシンパが流れ込むのを防ぐために、特にギルマヌック方面からデンパサルへ行くバスを検問し、その結果、何人かのPKI関係者が調べられ、その場で射殺されたのだという(ワヤン・レカンの未刊の原稿)。

中隊兵舎前での集団的な暴行とは別に、レガルの遺体から銃弾を抜き取って復讐を誓った親友のペンガンも狂ったような行動に出た。プロテスタントだったレガルの埋葬のために、ヌガラの西方のムラヤ郡ブリンビンサリ(Blimbing Sari)村にあるプロテスタントのコミュニティから牧師が呼ばれてきたのであるが、[★1]英雄墓地での埋葬が終わったのち、ペンガンは他の二人の兵士とともに、牧師を送り届ける役割を仰せつかった。軍には十分な車両がなかったため、目抜き通りの大商店ラハユが所有する車を借りて出かけた。その帰路ペシールの農園を通りかかったとき、一人の男が群衆にPKIと疑われて取り囲まれていたが、それを見たペンガンは、有無を言わさず車の中からその容疑者を撃ち殺すという行動に出て、同行していた同僚のレミンタンを仰天させた。

さらにトゥエッド(Tuwed)まで来ると、群衆が集まっているのが見えた。PNI系の村長が一人一人のPKI容疑者を取り調べているのだった。それを知ったペンガンはただちに一人全員を西向きに並ばせ、上官の命令もないままに機関銃で乱射し、全員を死亡させたという。これらの話はペンガン自身が三度目に会った時重い口を開いて筆者に語ったことである。旧友を殺された怒りはかくも激しかった。

一方、仲間二人を殺されたアンソールも怒り狂い、夜明けの礼拝を終えてから行動を開始した。テガル・バデン村へ向かい、民家の焼き討ちを始めた。報復は、テガル・バデンを含むヌガラ郡の村々のすべてのPKI同調者に向けられ、狂気はいとも簡単に人間の命を奪っていった。テガル・バデン事件以前の「PKI狩り」は、あくまで「党幹部」あるいは明確な「党員」に向けられたものであったが、同事件以後は、党のシンパだとみなされていたごく普通の村人までもが「狩り」の対象となった。以前からPKIは支持者の家の壁に鎌と槌の印をつけていたのだが、その印のついた家は自動的に攻撃の対象とされた。家に踏み込み、穀倉から籾を盗み、男性を手当たり次第に連れ出した。

テガル・バデン事件で負傷し、ヌガラの両親のもとに逃げていた前述のスアラは、二週間ほどヌガラの実家に隠れていて後に村へもどった。彼がヌガラにいた間に、アンソールと兵士がこの村にやって来て多くのものが連行され殺されていた。一緒に住んでいた祖父も祖母も殺されていた。祖父は「自分は何も悪いことをしていない。なぜ逃げなきゃならないんだ?」と言って逃げなかったという。妻の両親も妻の兄弟も連れて行かれた。そしてアンソールのメンバーが村を焼き討ちしたと聞かされた(スアラとのインタビューより)。

テガル・バデン村の祭司の家系に連なる当時一八歳の青年は、自分の瀕死体験を次のように語った。

翌朝、多くの人々と一緒に私も保護を求めて隣のバルック村の役場へ逃げました。でもそこで多くの人が殺されたんです。殺したのはアンソールの連中です。まるで椰子の実をたたくように、木で頭を殴られて殺され、そのあと首を切られました。名簿に照らして二人ずつ呼び出して殺すのです（マンクとのインタビューより）。

遺体はバルック村内のレニン（Rening）海岸や、もっと西方のチャンディ・クスマの海岸などに捨てられた（第七章で詳述）。しかし上記の青年は、バルックまで連れていかれたが運よく難を逃れ助かった。続けて彼は次のように述べている。

……順番が来る前になぜか彼らは殺害をやめてしまい、私は命拾いしました。テガル・バデンの村長が来て「テガル・バデン（村）の者は戻ってくるように」と呼びかけ、私たちは結局バルックに一晩とどまっただけで翌日村へ戻ることができました。

当時バルック村に住んでいたある中学生は、彼の一家を襲った悲劇について次のように語った。

パン・サントンの家で事件が起こった翌朝、何も知らずにいつものように徒歩でヌガラの学校へ行く途中、空に煙がのぼるのが見えました。あとでそれはパン・サントンの家が焼かれている煙だったとわかりました。学校へ着くと校長先生に呼ばれました。先生はPNI支持者でしたが、私の父がPKIであることを知っていました。

学歴もなく何もわからない父は、以前マジャパヒト寺院の修理に駆り出されて建設作業をしたとき賃金を払って貰えないということがあったのですが、そのときPKIジェンブラナ支部長のアグン・デニアが自分の党に入れば賃金を取り立ててやると言ったため、それを信じて入党したのです。

校長先生は「お前のお父さんはまだ生きているか？　PKI関係者はまもなく皆やられてしまうぞ」と言いました。私は意味が分からず「〝やられてしまう〟ってどういうことですか？」とたずねると「殺されるっていうことだ」という。PNI党員の校長先生の所にはすでに、殺される予定の人たちの名簿が送られてきていたらしいのです。先生は「危ないから君は私の家に隠れていなさい」とおっしゃったけれど、僕は一刻も早く家に帰って父に逃げるように伝えたいと思いました。

そこで先生の制止を振り切って飛んで帰り、父にそのことを伝えたのですが、父は「俺はもう運を天にまかせる。お前たちは逃げなさい」と言って、僕たちだけ行かせて自分は母と一緒に家に残ったのです。

僕と二人の兄は、PNI党員である叔父の家に逃げました。叔父の家の近くで一人のPKI支持者が、アンソールに自転車のチェーンで手を後ろに縛られ連行されていくのを見ました。そのとき叔父の家には私一人でいたのですが、それを見て怖くて叔父の家からも逃げました。午後になると、

ＰＮＩのリーダーがオートバイに乗って拡声器で「バルック村の住民で外へ逃げた者は戻ってくるように」と呼び掛けて回りました。それを聞いて、隠れていた二人の兄が信じて村に戻っていきました。どうやら殺されるべきものは既に決められていたようで、その対象者が村役場に集合させられ、その中に父も入っていました。でもなぜかその日、父は無事帰らされてきたのです。

このとき父は運よく助かったのですが、後日、獄中で自殺したＰＫＩジェンブラナ支部長アグン・デニアの遺体(後述)を葬るために動員され、トラックに乗せられ、そのまま二度と帰ってきませんでした。兄が「俺が代わりに行くよ」と言ったのですが、結局、父が行き、レニン海岸へ連れて行かれ、他の七人と一緒に殺されたのだと後で聞きました。海岸では他にもたくさんの者が殺されました(チェトックとのインタビュー)。

殺されずにすんだ者たちは身柄をテガル・バデンの小学校に拘留された。テガル・バデンと境を接しているヌガラ市街地のレラテン区に住んでいたスレンドラ(Sulendra)は、父親がＰＫＩのメンバーだったため怖くて一家全員で逃げたという。近くの雑木林に身を隠していたところ、タバナンからきた教師が出てくるよう説得するので森を出ると、テガル・バデンの小学校に身柄を移された。国軍のミスカル軍曹が、学校に集められている者たちを一斉射撃して殺そうとしているという噂が耳に入った。しかしテガル・バデンのムスリムのリーダー、アスムニ(第四章の註2参照)が、「そんなにたくさん殺したら一体誰が彼等を葬るのだ?」と言って一斉射撃に反対し、スレンドラらは九死に一生を得た。

アスムニに助けられて小学校からいったん自宅へ戻ったスレンドラらは、軍隊に降伏した方が安全なのではないかと考え、翌朝軍隊に出頭した。再び取り調べがあり、スレンドラ自身はそののち釈放されたが、一緒に出頭した兄は「PKIの連中の家の焼き討ちを手伝え」と言われPNI系の住民に連れ出された。なんとPKIを襲撃するのにPKI党員の息子を動員したのである。働かされた後、兄はロロアン・ティムール区のメルタサリへ連れ出されて刃物で殺された。連れ出したのはバリ人(PNI)で、殺したのはムスリム、遺体は井戸に投げ込まれた。この兄は当時バニュワンギの学校で学んでいたが、事件が起きてから自宅へ戻っていた。スレンドラは、兄はPKI党員ではなかったが、高学歴なので同じ集落の人々の嫉妬を買ったのだろうと述べている(同氏とのインタビュー)。

2　一斉射撃を受けたトコ・ウォンの拘留者たち

国軍の怒りは、すでに逮捕されヌガラ市街地のロロアン・バラット区にある華僑商店トコ・ウォンに収容されていたPKI幹部たちにも向けられた。一二月一日、彼らを建物に閉じ込めたまま、国軍D中隊の複数の兵士が屋根の上から中に向かって一斉射撃し、無抵抗の二七六名全員を死亡させたのである。★2

多数の村人が犠牲となったトコ・ウォン(ウォン商店)

ワヤン・レカンによれば、収容された者たちがわめきたてたり、PKI関係者が彼らの奪還を計って襲撃を企てていたため、それを未然に防いだというのだが、多くの証言をまとめると、どうやらそれは国軍側の口実に過ぎず、実際にはテガル・バデン事件への復讐としての色合いが濃かったとしか考えられない。

それだけの人数を殺害するために銃撃は何時間も続き、周辺の誰もがその音を耳にしていた。数日前から父親がトコ・ウォンに収容されていたヌガラの高校生、スベルデン(Suberden)は、この日の早朝、激しい銃声で実が覚めた。道行く人たちが「トコ・ウォンが銃撃されているぞ」と口々に叫んでいたので、彼は何が起こっているのかを悟った。しかしトコ・ウォンまで行って確認する勇気はなく、ただ家で身を潜めていた。銃声はその後もやまず、同日の昼過ぎまで続いたという(同氏とのインタビュー)。

ドースター県知事は、知らせを受けてトコ・ウォンへ駆けつけたが、全く手の施しようがなかった。彼は次のように述べている(Jelantik & Suarja 2007: 140)。

トコ・ウォンを出てきたところで、知り合いの憲兵隊員に会った。彼は何もできなかった。この憲兵隊員にも、悪魔に取りつかれたかのように荒れ狂う中隊の兵士たちを統制できなかった。テガル・バデン事件とその後の中隊のアムック(amuk それまで抑えていた怒りなどが急に爆発して、前後不覚に陥ったように暴力的な行動をすること:筆者注)がジェンブラナのすべての村々を燃え上がらせた。

これだけの数の人間が一斉に殺されたのであるから、遺体の処理も容易なことではなかった。そのため、たまたま通りかかった者も含め、多くの者が動員された。たとえば一九六二年からジョクジャカルタのガジャマダ大学の学生でGMNI(PNI系の学生団体)のメンバーとして活動していたが、たまたま用事があって一一月初めからバリに戻っていたある青年もそうだった。彼は、ちょうど一二月一日にジョクジャカルタへ戻る予定だったのだが、その矢先にテガル・バデン事件が起きて帰れなくなってしまったのだった。父親がPNI系の村長であったことや、さらに警備にまわっていた国軍のミスカル軍曹と顔見知りだったため、遺体収容に動員された。次のように証言している。

遺体を引き上げるというのは人道的な任務だと思ったから参加しました。夜の九時ごろトコ・ウォンへ行きました。建物の中へ入ると足首くらいまで血の海でした。遺体は血でまみれていてさわるとつるつる滑りました。だから持ち上げることはできなくて外まで引きずっていったのです。私自身は八体くらい引き揚げました。最後に引き上げたのは知り合いの華僑の遺体で、私は彼の顔を知っていました。彼自身はＰＫＩではなかったのですが、ＰＫＩの連中と親しかったのです。体が大きすぎて持ち上げられず、床に落としてしまいました。そのため頭蓋骨が割れて脳みそが外に出てしまいました（グデ・プートラとのインタビュー）。

テガル・バデン事件で死んだアンソール隊員アリフィンの甥で、当時一三歳だったルスディは、トコ・ウォンでＰＫＩのリーダーたちが殺されたあと、死者の時計でも盗もうと、その建物に入った。その時のことをこう語っている。

血の洪水でした。膝まで血に漬かっていました。死体がまだ放置されていて悪臭がひどかったです。店の所有者の中国人ウォンさんもそれを見ていました。悪臭を防ぐために彼は鼻に塗る清涼剤をくれました。すぐに軍隊に見つかって、「帰れ」と言われましたが、そのうち「そうだ。お前も死体をトラックに積むのを手伝え」と言われ、スコップを手渡されました……（ルスディとのインタビュー)。

アンソールのリーダー、アドナンも、その夜、遺体搬出を手伝うために軍隊によってトコ・ウォンへ呼び出され、死体の山の中に入った一人である。そして同様の証言を手記に書いている(Adnan: 27)。

足まで血の海で、生臭いにおいが立ち込めていた。壁も血だらけ。気の弱いものはそれを見て失神してしまっただろう。清涼剤をしみこませたハンカチをマスク代わりにしていたが。生臭いにおいはたまらなかった。遺体は裸で、その多くは腐敗していた。

アドナンは、知り合いの兵士に「君の家の庭の、ヒンドゥー墓地との境に、使っていない古井戸がふたつあるだろう。そこに遺体を捨てさせてくれ」と言われ、家に帰って両親の許可を求めた。両親が許可してくれたので一部の死体をそこへ運んだ。しかしもちろんそれでは足らないため、その夜、ムスリムの男性たちが動員され、懸命にヒンドゥー墓地に穴を掘る作業をしたという。

アドナンがトコ・ウォンに入ったとき、死体の中には、まだ息があって、「とどめを刺してくれ」と叫んでいる者がいた。それはサムスリ(Samusuri)というムスリムの男性で、ギルマヌック在住のサテ(鶏肉の串焼き)売りだった。彼は仲間の死体の上に立ち上がって「頭を打ちぬいてくれ」と叫んでいた。そばにいた軍人がとどめを刺した。アドナンはそれでその男は死んだものと思っていた。ところが驚くべきことに、その後トコ・ウォンから遺体をヒンドゥー墓地へ運び、すでに掘ってある穴に埋めるべく、トラックから降ろした時まだ生きている者がいた。サムスリだった。目撃したアドナンは次のように記している(Adnan: 26-28)。

彼はもう立ち上がることはできなかったが「軍人はいないか!」と叫んだ。軍人が前に出て撃とうとすると彼は射殺される前にしゃべりたいことがあるという。「自分はPKIにだまされたのだ」という。そしてギルマヌックの税関吏がPKIに関与し、バリに兵器を持ち込むのを助けたことを暴露し、関係したその役人の名前も口にした。そしてしゃべり終ると「撃て!」と叫んだ。「アッラーの神は偉大なり」と唱え一発撃たれ、また「アッラーの神は偉大なり」と唱えて一発、もう一度「アッラーの神は偉大なり」と唱えたのち撃たれて、ようやく息を引き取った。彼が息を引き取ると、どこからともなく強い風が吹き、その周辺の椰子の木がおおきく揺れた。私が持っていた石割りの道具は吹き飛んでいった。立っていられないほどの強い風で座り込んでしまった。サムスリの持っていた術は尋常ではなかった。

銃弾に対して不死身で不思議な力を持っていたのだろうとアドナンは言う。自分たちの指導者や仲間を神格化するためにこのような神話めいた話を作り上げることはしばしばあるが、この話は敵側であるアンソールの幹部が語ったものである。このような奇妙なことが、狂気の支配する殺戮の最中に、実際見聞されていたのであろうか？　狙撃手として動員されていたペンガン兵士も同じような「不死身」伝説を語った。

撃ったが弾が通らない不死身の者がいた。人々が私を呼びに来た。私は彼と手を握り合って挨拶をした。その行為によって彼のもつ（不死身の）術が私に乗り移り「不死身」が解けて彼は死んだ。そういう不死身の人間が三人いた（ペンガンとのインタビュー）。

トコ・ウォンで父を殺された前述のスベルデンは、父の遺体を見ていない。犠牲者の遺体はいずれも家族の元へ戻らず、おそらく井戸に投げ込まれたか、ヒンドゥー墓地に掘った大きな穴の中に無造作に投げ捨てられたようである。彼の家族は、遺体がないまま、一九七七年に親戚の助けを得てデンパサルでひっそりと火葬（ガベン）を行った。

トコ・ウォンでの集団虐殺があった一二月一日には、ここ以外にもヌガラ周辺のいたるところで銃声が聞こえ、道路わきに遺体がころがったという。中でも市場周辺が最も混乱しており、そこの商人たちが殺害の対象となった。前述のように市場長は、ジェンブラナ県のＰＫＩ副議長で、すでに逮捕されており、この日、トコ・ウォンで命を落としている。市場の商人の多くは市場長に従ってＰＫＩのシンパになっていたことから、報復で襲われたのである。アドナンが駆けつけたときには群衆が狂ったように市場の商品を略奪し、射殺されたり刃物で切られたりしたパンダン出身の商人の遺体が、市場の前に積み上げられていた(Adnan: 27)。商品を略奪されて理性を失いヒステリックになっている商人もおり、軍隊に射殺された。またバクティ商店のオーナーは首を吊って自殺したという(Suryawan 2007: 175)。

アドナンが市場の中に入ると、知り合いの小隊長がいたが、彼は熱狂する群衆を抑えきれず、ただ首を横に振っていた。市場の裏の入り口からトラックが入ってきたので、遺体を運ぶのかと思ってみていると、コメを略奪しているのだった。それはヌガラ市街地の北西部にあるバレル・バレ・アグン(Baler Bale Agung)区のＰＮＩ支持者たちで、彼らはアドナンと視線があうと恥ずかしそうに笑った(Adnan: 27)。

アドナンが市場を出て橋まで行くと、その近くに市場で商いをしていた中学時代の友人の遺体がころがっているのを見つけた。彼はＰＫＩではなかったが、怖くて店からとびだし警察に保護をもとめようとしたところ、警官は襲ってきたと勘違いして射殺したことが分かった。アドナンは再び市場に入って彼の親に息子の遺体を引き揚げるよう伝えた(Adnan: 27)。

市場の商人が間違って殺された話はもうひとつ伝わっている。市場近くの路地裏にアナ・ホテルという安宿があり、当時ここには一七世帯の軍人が家族と共に長期で部屋を借りて住んでいた。ホテルの経営者の女将は、真夜中に二人のタバナン出身の商人が、軍人の保護を求めて大きな声で叫びながら懐中電灯を持ってホテルへやってくる声で目を覚ました。商人たちは軍人のもとへ行けば安心だと思い、必死になって叫びながらやってきたようであった。ところが、それを見た軍人たちは敵が襲ってきたものと勘違いしたらしく、何も確かめもせず、部屋から出てきて二人を撃ち殺してしまったのだ(アスリとのインタビュー)。

トコ・ウォンの建物は取り壊されることもなく、今なおヌガラ市の中心部に残っている。幽霊が出ると言う噂も多い。このときの殺害者の一人はのちに発狂し、この建物の前を通るたび狐憑きのような発作を起こしたといわれる(Suryawan 2007: 159)。

3　メルタサリの虐殺――未亡人の村

トコ・ウォンに次いでもっとも集中的に虐殺が行われたのは、PKIの牙城として知られていたヌガラ市街地のロロアン・ティムール区内のバンジャル・メルタサリであった。ここは一二月二日に国軍の襲撃を受け、その日一日で七八人もの男性が殺された。そのため、後にこのバンジャルは「未亡人の村」とよばれるようになった(ワヤン・レカンの手記)。

メルタサリは、ロロアン・ティムール区の南端に位置するバンジャルで、ＰＫＩの牙城の一つだった。このバンジャルのＰＫＩのリーダーで、すでに逮捕されトコ・ウォンに収容されていたニルタという人物★3が、テガル・バデン事件前に、トコ・ウォンに監禁されている党員たちを解放するために、ＰＫＩがメルタサリからヌガラ中心部を総攻撃する予定をたてていると自白したという情報が伝わったので、これに対抗するために国軍がメルタサリを一斉攻撃することになったといわれている。

　ＰＫＩによるヌガラ襲撃計画の情報は、あるＰＫＩ党員の家の庭の煉瓦焼き場から発見されたトランクの中に入っていた秘密文書から出てきたという説もある。伝えられている話によれば、そのトランクをそこから持ち出して子供が運んでいるのを見て、通りかかった青年が「誰の服を運んでいるの？」と尋ねると、その子は「アナック・アグン・デニアという人にいわれて運んでいるの」と答えた。ＰＫＩ支部長の名前がでてきたので、トランクはただちに接収され、国軍中隊へ運ばれた。中を開けてみるとＰＫＩの資料が詰まっており、そのなかにそのヌガラ攻撃の計画もあったというのである。

　それによるとＰＫＩは、ロロアンのムスリムの家々を焼き討ちしてＤ中隊を兵舎からおびき出し、そこにくぎ付けにしたのち、メルタサリに陣取っていた共産系のゲリラ部隊がイジョ・ガデン川を渡って北上し、中隊の兵器弾薬を奪い、ヌガラの中心部を総攻撃し、重要な官庁・事業所を占拠して警察を襲い、武器を奪うというものだった。そしてＰＫＩが攻撃すべき人々の家にはＴ（拉致すべし）、Ｂ（殺害すべし）、ＢＢ（家を燃やして殺害すべし）、ＢＢＢ（燃やして殺して捨てる）などの印がつけられ、遺体を埋めるためにすでに井戸の穴が用意されている、などという、まことしやかで詳細な計画が噂として広まっていた(Suryawan 145-147)。

前日、牧師をブリンビンサリに送り届けたのち、道中ですでに何名かのPKI関係者の命を奪っていたペンガン兵士も、メルタサリの殺戮に参加した。兵士たちは前日夜、サフロニ中隊長から「明日の朝メルタサリを全滅させよ」という命令を受けていた。ペンガンは次のように語った。

中隊長が小隊長にその命令を伝えているのが聞こえたので、俺はただちに弾薬庫へ走った。弾薬庫にはジャワ人の倉庫番がいて、弾薬の搬出は厳しく管理されていた。俺は自分の機関銃に「弾を一杯に詰めてくれ」と頼んだが、「手続きに従ってしか出せない」といわれた。そこで俺は「貴様はPKIか？　死にたいのか？」と脅し、リュックサックにいっぱい弾を詰めさせたんだ。

翌朝六時、ペンガンの属する小隊に憲兵隊やアンソールを加えた一団がメルタサリへ入った。すでに劣勢にあったPKIが襲撃してくる可能性は皆無に近かったが、ヒステリックな状況下で冷静な判断はできず、兵士やムスリムの青年たちは防衛のためと称してメルタサリめがけて突進していったのである。

その時同行したアンソールのリーダー、アドナンによれば、トコ・ウォンが襲撃された翌一二月二日、いよいよメルタサリのPKIが集結して攻撃を仕掛けてくるらしいという情報がアンソールの青年たちのもとに入ってスタンバイしていたという。バンジャルへ入るとナンカ(ジャックフルーツ)の木にガソリンを入れたプラスティックの容器が麻袋をかぶせてたくさん吊るされており、まるでナンカの実のように見えた。そこでアドナンらは、共産主義者はやはりそのガソリンを使ってロロアン区の家を焼き打ちする予定だったのだと納得したという(Adnan: 28)。

ペンガンは、「問答無用で手当たり次第に道端から撃った」、「結婚したばかりの夫婦がいたが、夫を撃ち殺した」などと語った。その供述は、被害者の証言とも一致している。当時一三歳だったメルタサリのある少年は、襲撃当日のことを次のように回想する。

その日(一二月二日)、兄さんと父さんが、穀倉(ジネン)に座っていたところ、家の門から一人の兵隊が入ってきていきなり二人を撃ちました。兄さんは即死したのですが、父さんは首のあたりを弾がかすったけれど怪我は大したことはなく、死にませんでした。でもショックで地面に倒れ、立ち上がって這って逃げようとしたところ、兵隊について入ってきたムスリムの群衆にふたたび首のあたりを切られ、傷つきました(ダルタとのインタビュー)。

メルタサリの住民で、この襲撃で夫を殺されたある女性によると、PKIに入党した者の家の壁には鎌と槌のマークがペンキで吹き付けられており、襲撃の時にはマークの付いた家々からすべての男性が連れ出され、「犬を殺すように殺された」という。刃物で刺された者もいれば、井戸に放り込まれガソリンをかけて焼き殺された者もいる。彼女の夫もその一人だった。夫が連れ出され殺されたのち、妻たちは小学校に集められ、一日二日収容された。そこから出されても彼女は恐怖のあまり家には戻れず、別の村に住む兄の家に身を寄せた（ンガルシとのインタビュー）。

虐殺によってかくも多くの男性が殺されたバンジャルが、後に「未亡人の村」と呼ばれるようになったことは、最初に述べたとおりである。多くの遺体は、ロロアン・バラット区とロロアン・ティムール区の境になっているイジョ・ガデン川に投げ捨てられたという。

メルタサリへの攻撃が、如何に野放図に行われ、有無を言わさぬものであったかは、以下に述べるスブラタ青年の体験談からよくわかる。彼は、誰であれ、メルタサリの男性はすべて殺害されようとしており、はっきりアンソールやＰＮＩのメンバーだと知られている者以外はすべて殺害対象となったという。彼自身は警察官の息子で、ＰＮＩ系の高校生組織ＧＳＮＩ（Gerakan Siswa Nasional Indonesia）の活動家であったにも関わらず、ふだんは警察官であった父の勤務地カランアセムに住んでいて、このときはたまたま故郷のメルタサリに戻っていただけに過ぎなかった。そのため、地元ではあまり顔を知られていなかった。とはいえ、それ以前に、国軍やアンソール関係者に命令されて墓地で殺されたＰＫＩ関係者を埋葬する手伝いをさせられていた。また住民が墓地で殴られ殺される様子を目撃し、その遺体を葬る手伝いをさせられたこともあったという。以下は、その日の体験の証言である。

その日、昼頃からメルタサリの住民への攻撃が始まりました。銃声を聞いて怖くなり、私はたまたまいっしょにいた叔父と逃げたのですが、パニックのなか、途中で叔父とははぐれてしまいました。シンガラジャで勤務する警察官の息子、ワヤン・スダルナの家に飛び込みました。そこには「国軍関係者の家」と書かれたラベルが貼られていたので、わずかな希望を抱いて私を含む一二人の者が逃げ込んだのです。しかしここへも、アンソールは襲ってきました。スダルナは、押しかけてきた群衆（PNIとアンソール）に「僕は軍人の子供だぞ」と叫んだが、聞いてもらえませんでした。彼もGSNIのメンバーだったのですが、たまたま会員証を身に着けていなかったのです。そこに集まっていた男性は全員殺され、彼もそれを免れませんでした。遺体は井戸に投げ込まれ、スダルナの家の穀倉に火が放たれました。

スブラタはたまたま身を隠していて見つからず、命拾いし、その様子を一部始終目撃した。しかし実はそれでことは収まらず、この話には信じがたいような続きがある。その雰囲気を伝えるためにスブラタ少年の証言をさらに詳しく説明しよう。

あたりが静かになってから（昼の一二時から午後二時頃）僕はスダルナの家を出て、水路（parit）に沿って逃げました。以前、レンガを焼いていた窯のあとに大きな穴が開いており、そこに四〇人くらいの人が集まって隠れていました。そこで叔父夫婦や他の友人とも出会いました。赤ん坊を連れて隠れていた女性が、赤ん坊が泣くのでやむなく穴の外へ出たところ、三人のムスリム(ロロアンの人)に見つかりました。

彼らは皆が隠れている穴までやってきましたが、あまりにもたくさんの人間(敵)がいるのを見て自分たちの方が劣勢だと感じたのか、すぐには手を出さず穏やかな態度で話しかけてきました。彼らは「申し訳ないが、メルタサリのPKIリーダーが、殺される前に、このバンジャルの住民がヌガラ総攻撃を企てていると暴露したものでこういうことになったんだ。あなたたちはもう家も燃やされて、残っていないのだろう? 私の家に来ないか?」と言いました。

全員がそれを信じて同意したため、彼らは私たちを案内し、歩き出しました。途中に墓地があり、そこで立ち止まりました。女性は北の方にある詰所へ行くことを許されましたが、男性は留め置かれました。食事が支給されたのですが、喉がカラカラで、とても喉をとおりませんでした。問題はそのあとです。漁業用に使われる綱が持ってこられ、男性は全員両手の親指を縛られたのです! どうやら私たちは騙されたようでした。まさか、そのあと殺されるとは知りませんでした。

その光景を見た叔母が、残された男性は殺されるのだと察して、なにかに取り憑かれた人のように怒り狂いました。そこへ漁師のハジ・ウマルがやってきました。日頃から彼が釣った魚を叔母が販売するという協同事業していて、知り合いだったのです。「あんたとは前にさんざん一緒に仕事していたのに、なんで今こんなことをするの？」と叔母はわめき散らした。そして私を指差し、「この子は警察官の子だよ。この子を殺したら父親がカランアセムからやってきて大変なことになるよ」と言ってくれたのでした。ハジ・ウマルが「警察官の子だというのは本当か」と尋ねるので、私はたまたまポケットの中に持っていた、父が先日私に郵便為替で五〇〇〇ルピアを送ってきたときの送り状をみせました。そこには送り主の名前だけでなく警察官としての階級も書かれていました。その場にいた国軍のミスカル軍曹はそれを見て「アブリ（陸・海・空・警察の四軍の総称：筆者注）の息子か？　おや、俺より階級が上だな」といいました。そのために助かったのです。しかし、叔父を含む後の三九人はすべてその場で殺されました。

私はウマルの家に連れていかれましたが、私を殺そうとまだ人々がやってきました。でもウマルは「この子を連れて行くならまず私を殺せ」といってかくまってくれたのです。三日ほど彼の家にいたあと同じ村の別のバンジャルにあるＰＮＩの親戚の家に移り、一二月一六日に父がカランアセムから私を迎えに来るまでそこにいました（スブラタとのインタビュー）。

この後、数日間、テガル・バデンやメルタサリ以外の地域でも、一方的な殺戮行為が猛威を振るった。アンソールはテガル・バデン事件で二名の犠牲者を出していたので、当初こそアンソールによる報復という様相もあったが、これ以後のＰＫＩ撲滅のための行動にはＰＮＩ系の青年たちも動員されていく。

4　ジェンブラナ王宮襲撃とＰＫＩ支部長の自殺

トコ・ウォンでの虐殺、メルタサリをはじめとする近隣の村々での虐殺と並行して、十二月二日と四日、二度にわたって、ヌガラの中心部にあったジェンブラナ王国の王家の居城プリ・アグン・ヌガラが襲撃され破壊された。王宮《プリ》といってもそのイメージからはほど遠い質素な造りの建物であったが、一八三〇年に建設されて以来の由緒ある建物だった(Aju 2015: 142)。バリ各地に残る王家は、もはや何の政治的・行政的な権力もなかったが、なお文化的・宗教的な中心として尊重されていた。しかしヌガラの王家は、当時の王《ラジャ》の長子が、スカルノ派のステジャ・バリ州知事であったこと、また甥のアグン・デニアがＰＫＩのジェンブラナ支部長であったことから、ＰＫＩ寄りだとみられていたのである。

この襲撃では死者こそ出なかったものの、プリは破壊された。それだけでなく、プリが所有するトゥエッド村のプランテーションや水田の作物も、その後三ヵ月にわたって反対派の住民たちに略奪された(Ayu 2015: 58)。知らせを聞いて駆けつけたアンソールのアドナンは、プリの庭に壊れたタイプライターや家財道具が転がっているのを目の当たりにして、イデオロギー的には相いれない人たちとはいえ、ジェンブラナの住民の誇りになっていた王家がそのような目に合うことには非常な寂しさを感じたという（Adnan 29）。

襲撃したのがどのような背景を持つ人々であったのかは不明である。ジェンブラナのバリ人ではなく、北海岸のブレレン県など、遠方からやってきた群衆であったともいわれている。アドナンは何日かたってから、プリを破壊したのは、自分たちが騙されたと知って怒ったＰＫＩ党員自身だったとも聞いたという。そのことに関しステジャ知事の長男ベニー・ステジャは、プリ襲撃の背後には、農地改革に際してのＰＫＩ系の民衆の不満があったという（同氏とのインタビュー）。すなわち、いったん区画に分けられ人民に分配されていたプリの土地は、のちに政府の規定に従って国家にとりあげられたということがあった。そのことにＰＫＩ系の住民が不満を持っていたため、実際プリ襲撃に参加した者も多かったというのである（Suryawan 2007: 169）。

しかし王家の関係者たちの多くは、ニョマン・マンティック、ウェダストラ・スヤサ、その弟のウィダグド・スヤサら、ステジャの政敵であったＰＮＩ幹部たちが中心になり、さらにアンソール、ＰＮＩ系イスラーム組織ＤＭＩらが動員されて襲撃したと考えている（Aju 2015: 141）。

メアリ・イダ・バグスは、一二月二日にウィダグド・スヤサもプニャリンガン村からトラック五台分の自警団員を乗せて攻撃に参加したと述べている。一二月四日には、地元の住民は、ブレレンからやってきたトラック数台分のＰＮＩ支持者たちを排除し、プリを護り、国軍が、「王の家族とプリを護った」

という標識を打ち立てたという。近隣の人々は少なくとも最初は、外から入り込んでくる勢力に抵抗してプリを守ろうとしたようである(Ida Bagus 2012: 215)。

ヌガラのプリ襲撃によって犠牲者は出なかったものの、九・三〇事件に関連して命を落とした王家の関係者はステジャを含めて一六名と記録されている(Aju 2015: 142-143)。ステジャは後述するように、ジャカルタに召還されてそのまま行方不明になっている。また、もう一人は以下に述べるようにPKI県支部長のアグン・デニアである。なお、ステジャの父であるジェンブラナの王《ラジャ》は、息子が姿を消した翌年の一九六七年七月に六七歳で病没した。その葬儀(acara pelebon)はラジャとしては非常に質素なものだったという(Aju 2015:73)。

プリ襲撃に次いで人々を驚かせたのが、王の甥であり、ジェンブラナのPKI支部長であったアグン・デニアの死であった。彼はジェンブラナのPKIを強力政党に育てた実力者であったが、あまりにも扇動的、攻撃的な性格で、PNIとの緊張関係が激化していたため、それを案じた党上層部が九・三〇事件前から口実を作って彼をジャカルタへ隔離し、家族と共に住まわせていた。しかし九・三〇事件の発生後、不安に駆られてバリへ戻ることにし、陸路バニュワンギまで来て、最後は漁師の小舟に乗って海を渡り、ギルマヌックに上陸した。ところが上陸後まもなくプンギヌマンの森付近の街道で警察に捕まりヌガラに連行された。そこに一週間拘留されたのちいったんデンパサルへ移されたが、再びヌガラに移送され、監獄に身柄を拘束された(アグン・デニアの妻アディとのインタビュー)。

したがって、テガル・バデン事件に始まる一連の混乱の最中、彼は獄中にいたのだが、一二月中旬のある夜、駐ヌガラ中隊の兵士で、たまたまその日当番で刑務所の警備にあたっていた彼の妹の夫マディア(Madia)が大変な秘密をアグン・デニアの耳に入れた。それは、翌日アグン・デニアは処刑される予定であり、殺される前に怒り狂った民衆の手でひどい拷問を受けて死にいたらしめることになっているというものであった。落胆したアグン・デニアは、夜中に下着を破って鉄格子に括り付け、首を吊って自殺を図った。一報を受けて警官が駆けつけたとき、まだ遺体にはぬくもりがあったという。

ドースター県知事は翌朝早く、パンチャ・トゥンガル(Panca Tunggal)の本部として一時的に使っていたプリの南側の家のテラスに集まって幹部と会談していた時、アグン・デニアが首を吊って死んだとの知らせを受け、すぐさま監獄へ走った。彼の遺体はまだ独房の中に吊るされていた。医者を呼び、確かに絞首による死亡かどうか確認させた(Jelantik & Suarja 2007: 144)。県知事は実のところ、アグン・デニアの死が本当に自殺であったかどうか疑っていたようである。

県知事たちはその場を離れ、彼をどこへ葬るべきか話し合った。県知事自身は、PKIが彼を殺害する予定にしていたプランチャック村がいいのではないかと提案した。するとそのとき一台のトラックがゆっくり走行してきて、その後ろから多くの群衆が「アグン・デニア！　アグン・デニア！」と叫びながらついてきていた。見るとアグン・デニアの遺体がトラックの上で磔状態にされ、真っ裸で立たされていた。あまりに衝撃的な光景に驚いた県知事は、中隊長のサフロニ中尉に、アグン・デニアを裸のままにしておくのは止めるよう申し入れたところ、サフロニはトラックを止め、遺体に服を着せるよう命じた。そして誰かがズボンとシャツを投げたという(Jelantik & Suarja 2007: 144)。

アグン・デニアの遺体は周辺の村々を引き回された。前述のバルック村の中学生チェトックによれば、アグン・デニアの遺体はトラックに乗せられてバルック村にも運んでこられ、彼の父はその遺体と共にどこかへ運ばれ、二度と帰ってこなかったのだった。アグン・デニアは、最後は自分の住居のあった、ヌガラの東方八キロのテガル・チャンクリン村まで運ばれたが、家族の元には届けられず、村の広場へ連行されて切り刻まれた("cacabe" "tenung")(アディとのインタビュー)。

監獄の警備に当たっていて、アグン・デニアに処刑の予定を知らせた義弟は、秘密を洩らしたかどでのちに処刑された。わずか間違いも許さないほど、治安当局は警戒していたものと思われる。

メアリ・イダ・バグスは、こうしてプリの攻撃によって、ＰＫＩの影響力の大元締めと、卓越した王家という二つの権力が破壊され、近隣の村々の大量虐殺はさらに広範に広がっていったと述べている。

註

★1――この当時、県庁所在地であるヌガラの街に、モスクや廟はあってもキリスト教教会が一つも無かったというのは注目に値することである。キリスト教徒は冠婚葬祭のたびに遠隔地のプロテスタント居住区、カトリック居住区まで出向かねばならず、彼らが置かれていた宗教的状況が如何に困難なものであったか窺い知れよう。

★2――二七六人という犠牲者の数はワヤン・レカン氏のカウントに基づく(ワヤン・レカンの手記)。

★3――ニルタはもともとメルタサリの住民ではなく、ここの女性と結婚して住み着いていたのだが、彼が来てから多くの住民がPKIに動員されていた。メルタサリの人たちは一様に、よそ者によって自分たちのコミュニティがひどい目に遭ったことを不満げに口にする。

第6章 すべては国軍の陰謀だったのか

1 テガル・バデン事件の不自然さ——筋書きを描いたのは誰か

ジャワでは虐殺の先頭指揮に立っていた陸軍降下部隊(Resimen Para Komando Angkatan Darat：RPKAD)司令官のサルオ・エディが一九六六年一月初めにバリに来て、異常なまでの残虐性を帯びた虐殺を目のあたりにし、陸軍広報部の記者とのインタビューで「ジャワではわれわれは共産主義者を殺すよう人々に発破をかけたのだが、バリでは彼らが行き過ぎないように制御しなければならなかった」と述べた(Kasenda 95)という伝説めいた挿話が、その後いたるところで引用され語り継がれている。

そのため、バリの虐殺は、住民の積もり積もったインドネシア共産党(PKI)に対する怒りの発露であり、国軍よりもむしろ住民主導の自然発生的な行為という性格が強かったかのように解釈される傾向があった。しかし本当にそうなのであろうか。本章ではこの言説をあらためて検証してみたい。

ジェンブラナの虐殺を丹念に分析していくと、テガル・バデン事件の段階から、決して住民の自発的行動などではなく、国軍の関与――というよりも国軍による挑発あるいは扇動――があったのではないかと筆者には感じられる。それは決して「偶然」の出来事ではなく、あらかじめ作られた筋書きに基づく陰謀だったのではないかと著者は考えている。ジェンブラナの虐殺で実際に手を下したのはイスラーム組織NU系のアンソール隊員やインドネシア国民党(PNI)系のタメン・マルハエニスだったとしても、その背後で糸を引いていたのは国軍ではなかったかと思われるのである。ロビンソンも、陸軍降下部隊が来てから虐殺は鎮静化したという定説を否定し、それ以後は国軍の統制が働き、その下で虐殺が行われたということにすぎない、という見解を取っている。彼は、国軍は直接手を出すことはせず、背後で煽る形をとった、つまり住民をサポートして、あるいは「けしかけて」殺害を実行させたと述べ、国軍と政治権力者の役割が重要であったことを強調している(Robinson 1995: 273-303)。

さらにプリングルも、軍や警察が殺害を奨励したという説をとっている(Pringle 2004: 179)。ジェンブラナ出身のバリ人研究者スルヤワンもまた、陸軍降下部隊が来る以前から、国軍がフロント・パンチャシラ(Front Pancasila)の青年たちを訓練し、ジェンブラナ県各地での虐殺に手を貸したとして、バリにおける軍の関与を強く示唆している(Suryawan 2007: 177-178)。このように一部の研究者からは疑問が呈されながら、事件についての詳細な検証は必ずしもなされてこなかった。

今一度整理してみよう。一連の虐殺の契機となったテガル・バデン事件に関するこれまでの通説では、PKIの秘密会合を解散させるために派遣された国軍兵士一名とアンソール隊員二名がPKIシンパによって殺され、このことが反共派、とりわけイスラーム系住民の怒りを買ったことから事態は噴火点に達したと解釈されている。しかしこの説明には極めて不自然な点が多い。バリの集落における村人たちの語りに依拠した筆者は、わざと国軍兵士とアンソール隊員に犠牲者を出し、それを必要以上に騒ぎ立てることによって、その後のPKI攻撃がやり易くなるように、ある種の筋書きに沿って「挑発」したのではないかとの仮説に立つ。つまり虐殺の引き金となった三名の死は、実は共産側による殺害の体裁を取って国軍側が起こした「挑発行為」ではなかったかと考えるのである。

テガル・バデン事件を詳細に検証していくと、あまりにも理路整然と事が運びすぎており、逆に不自然さが目につく。パン・サントン周辺の人々の証言を照らしあわせると、当日パン・サントンの家で秘密の会合が行われていた形跡はまったくない。もしあの日、パン・サントンの家に多くの人が集まっていたのが本当だとしても、その朝、マジャパヒト寺院へ連れ出され、PKIと縁を切ることを誓わされた彼らは、単に不安にかられて身を寄せ合っていたに過ぎないようである。それをアンソール系の村人は、なぜ秘密「会合」だと判断し、治安当局に報告したのだろうか。たとえその報告が自己意志で行われたものだったとしても、秘密会合などという大げさなことではなく、ただ彼らがパン・サントンの家にたむろしているという程度の情報だったのではないだろうか。それを、国軍がとっさに絶好のチャンスと考え、話を作り上げていったのではないか。あるいは、その日の出来事の最初から、すべてが国軍の書いた筋書きだったのかもしれない。ただし国軍のどのレベルでそのようなシナリオが考案されたのか、つまり国軍の中央なのか、あるいはバリの地区司令部(ウダヤナ師団)なのか、あるいは特殊なインテリジェンス部門の働きかけがあったのか、それは謎である。

筆者が会った、元ジェンブラナの国軍D中隊のトマス軍曹の話では、その日、中隊長サフロニはデンパサルへ行っており、夜、中隊へ戻って初めて事件を知ったという。彼の記憶が正しいとすれば、テガル・バデン事件を巧みに利用しようと企て、当日そこへ駆けつける命令を下したのはサフロニ中隊長ではないだろう。そもそもあの夜なぜマナド人兵士フェンチェ・レガルが犠牲になったのだろうか。もちろん、運悪くちょうど中隊本部に居合わせたなどの偶然的要因かも知れない。現場に派遣された軍人が、レガルの他に、ジェンブラナの住民の間で何かと悪名の高いミスカル軍曹だけだったのはいささか不可解でもある。駆けつけた多くは、軍人ではなく、ありあわせの刃物を手にしたアンソールの隊員たちであった。軍は、そのころ不足し調達が非常に難しかったというトラックまで用意しているのに、同行した兵士は二名だけで、連れて行った大部分がアンソールの隊員だったという事実をどう理解したら良いのだろう。レガルのマナド時代からの同僚、ヤンチェ・ダニエル・ペンガン兵士によれば、「その夜、現場に駆け付けることが可能だった兵士は三人いた。一人は所持している兵器が小銃ではなく、会合を解散させる任務には適さなかった。もう一人はラサ・ミノというティモール出身の兵士で、靴を履いていないため適切ではなかった。そこでレガルが行くことになった」と筆者に述べた（ペンガンとのインタビュー）。

ちなみに、このとき殺されたフェンチェ・レガルという兵士は、ヒンドゥー教徒でもムスリムでもなく、マナド出身のプロテスタントである。このことはジェンブラナの国軍の構成を考えるとき重要である。実はレガルは、前章でも述べたように一九五六年にスラウェシ島で起こった中央政府に対するプルメスタ反乱（Permesta, Perjuangan Semesta「全体闘争」の意、一九五六〜六一年）の参加者で、その後、降伏して恩赦を受け、政治教育ののち国軍に編入された。この反乱は資源の分配などに関する中央政府に対する不満から、東インドネシアの軍民双方の指導者たちが起したもので、中心地となったのはスラウェシのマナドであったが、マルク諸島や小スンダ列島の一部も巻き込んでいた。ただしバリはこれに参加していない。

プルメスタ反乱は、中央政府が空軍を投入して大規模に襲撃した結果終息に向かい、マナドは一九五八年に陥落した。しかし、残党による抵抗は一九六一年まで続き、最終的にスカルノによる恩赦でようやく全員が投降した。反乱軍の兵士たちのなかには、もともと国軍兵士だった者もいれば、民間人もいたが、いずれも希望すれば再教育ののち選考に合格することで、国軍に受け入れられることになった。その一人であったヤンチェ・ダニエル・ペンガンによれば、約三〇〇〇名がその道を選び、再教育のためにジャワへ送られた。何隻かの船に分かれて全員いっしょに北スラウェシのビトゥン港から出発してスラバヤのタンジュンペラ港に着き、ルマジャン県のパンダンワンギ(Pandanwangi)に開設されたリハビリテーションセンターに送られた。そこでは軍事訓練ではなく、「レハビリタシ」と呼ばれる政治教育を数ヵ月にわたって受けた。それが終わった一九六二年九月に三〇〇〇人のうち三〇〇人だけが選ばれて五年間の軍役に入ることになり、ペンガンはブラウィジャヤ師団傘下のトゥバンの五二大隊に配属された。彼らはその後、当時国軍にとって最も大きな課題であった二つの作戦、すなわちマレーシア粉砕闘争のためのサラワクとの国境警備、ならびにイリアン解放のためのマンダラ作戦に投入された。レガルやペンガンを含む一七一人はマンダラ作戦に振り分けられ、クパンとバリの間の東西ヌサトゥンガラ州の各地に送られた。さらに、そのうち三一人が一九六二年九月二日にジェンブラナの中隊に配属された。ペンガンもテガル・バデンで殺されたレガルもその一員であった(ヤンチェ・ダニエル・ペンガンとのインタビュー)。犠牲者がバリ人ではなく、ムスリム青年やキリスト教徒の兵士など、同地におけるマイノリティであったことには、いくばくかの作為を感じないわけにはいかない。事件の夜、デンパサルから戻ったサフロニ中隊長は、部隊に誰もいないので怒り狂ったというが、では他の兵士たちは何処へ行っていたのだろう。

同じくマナド人で元ペルメスタ反乱兵だったヘンドリック・ブディマンによれば、事件の数日前から、県内のすべてのデサに、ちょうど現在のバビンサ(下士官が各村に一名ずつ任命されて配属されるシステム)のようにD中隊の兵士一名と警官一名が警備のために配属されていたため、ヌガラにいない者も多かった。

たとえばブディマン自身はペクタタン郡のマデウィ村に配属されていたが、一二月一日の朝、村長がテガル・バデンで事件が発生したことを伝え「すぐに荷物をまとめてヌガラへ戻ってください」と伝えた。そこでブディマンは周辺に配属されていた他の兵士たちと共に、プンゲラゴアン方面から迎えに来たトラックに乗ったという。そのような事情で中隊に残っていた兵士は少なかったのかもしれない。

レガルが死んだことに、サフロニ中隊長は人一倍腹を立てたという。それはこの二人は上司と部下という関係であると同時に、カード遊びの仲間だったからであるとブディマンは証言している。しかしながら、サフロニの怒りとその後の過剰な、そして狂気的なまでに残酷な復讐を見ると、単に目をかけていた部下を失った悲しみに対する通常の怒りの域を超えているように思える。

なにより、事件の真相に対する調査がほとんど何も行われないままに、その直後に「報復」に乗り出している「手際の良さ」が気にかかる。そもそも、この事件の真相を国軍や当局が本当に把握したいと考えるならば、レガルを撃った弾丸がどのような武器から発射されたものであるのか、それが実際にパン・サントンの拳銃から発射されたものであったかどうかをきちんと鑑定しさえすれば簡単に判明したはずである。

同じくアンソールの隊員二名もいったい誰にどのような凶器で切られたのか全く分からない。遺体の検視も行われていない。そのような調べは全くなされないまま、遺体はただちに英雄墓地に葬られてしまったのである。そしていとも簡単に、ＰＫＩの群衆に殺されたのだと断定されてしまった。ＰＫＩ側の人々には、その時も、その後も、いっさい弁明の機会は与えられず、歴史は一方的に確定されていった。真相は闇に包まれているが、ひとつだけはっきりしているのは、これを契機として、狂ったような虐殺が始まったということである。あまりに迅速な国軍側の対抗措置(復讐)は、それがあらかじめ準備されていたのではないかという疑念を湧き起こさずにはおかない。一一月三〇日の夜の出来事の後、翌一二月一日朝にはテガル・バデン周辺の村々でＰＫＩ関係者の一斉逮捕が行われ、その日の昼頃には、トコ・ウォンに収容されていたＰＫＩ幹部たちに対する一斉射撃が行われ、次いで翌一二月二日には、バンジャル・メルタサリの住民に対する虐殺が実行された。

その間、国軍のサフロニ中隊長はアンソールの詰所を訪れ、リーダーたちの怒りに油を注ぐようなアジテーションを行っている。アンソールのリーダーであるアドナンの回想(二五頁)によれば「死んだ二人のアンソール隊員の代償として何人の命を求めたいか?」とヤジをとばし、激したアンソールの隊員たちは「一〇〇万人!」と答えた。「サフロニはかくしてそれまで受け身的であったアンソールの青年たちの怒りを燃え上がらせた」とアンソール書記のアドナンは書いている。アンソール隊員二名の死によって、少なくとも国軍は、それまで必ずしも闘争意欲の高くなかったアンソールの青年たちから怒りを引き出すことに成功し、彼らは数こそ少ないが非常に精鋭な部隊として、ほぼ国軍の言いなりになっていった。つまり、国軍はこれ以後ＰＫＩ関係者のリストをアンソールに渡して探し出させ、彼らに手を下させた。一連の殺害のなかで、射殺された者よりも、刃物で首を切断されたり、全身を切り刻まれた被害者が多かったことは、実際の殺害者が軍人ではなかったことを物語る。

アンソールの隊員たちも、すべて軍の命令で動いたと主張している。何度となく聞き取りを重ねたアドナンは筆者に、軍に命令されれば、かつてのクラスメートや彼の家に出入りしていた知人さえも手にかけたのだと淡々と語った。そこには、罪の意識や戸惑いは感じられなかった。正義を実行したという信念だけがあり、今でも彼にその行為を悔いる様子はない。

もし、国軍が自らの中隊の同僚の命を犠牲にしてまで事件をでっち上げたとすれば、それは単に中隊レベルでの決定ではなく、もっと大きな力が働いていたと考えるのが妥当である。しかし、それに関する情報は全くない。ステジャ知事がジャカルタへ召還されて職務停止状態になったことにより、それまで模様眺めをしていたバリのウダヤナ師団の地区司令官(pangdam)シャフィウディン准将は一一月末には、自らの政治的生き残りのためにスカルノを捨ててスハルトにつき、ＰＫＩ一掃に乗り出す決意をしたといわれる(Cribb & Soe Hok Gie 1990: 255)。この時期にジェンブラナの虐殺が始まった背景に、そうした軍上層部の動向が関係していた可能性も否定できない。

2 国軍が煽った恐怖——「殺さなければ殺される?」

住民間の虐殺は、積もり積もった民衆の怒りに起因する自然発生的なものであったという説明は、ジャワにおいても常に語られてきた筋書きであるが、その心理状況を作り出したのは国軍である。一歩譲ってテガル・バデン事件の「でっち上げ説」は行き過ぎであり、たまたまこのような不幸な事件が起こったのだとしても、それをすぐさま反共意識の高揚に利用した国軍の手口は非常に巧みである。最も効果が大きかった扇動の手口は、共産主義者に対する必要以上の極度の恐怖を植え付けることだった。その地域社会にかねてから存在した身近な社会的・政治的亀裂を取り上げ、それを和解不可能なレベルにまで拡大しようとするものであった。

そしてPKI側が攻撃を企画しているので、それを防がねば自分たちが危ないという、いわば正当防衛の理論が持ち出され、恐怖が煽られた。しばしば使われた手は、軍がPKI関係の事務所や幹部の家を捜査した際、反共勢力撲滅の陰謀を企てている計画書や、殺害対象者名簿が見つかったという噂を大々的に広めることであった。それを本当らしく見せるために、PKI事務所や党幹部の家の焼き討ちに際しては一般の市民を同行させて、彼らの目の前で書類を押収し、その中から発見された殺害予定者名簿を市民に見せ、「○○さんも、△△さんの名もそこに入っていた」と触れ回るという巧妙な手段がとられている。筆者の知る限り、ジャワ島でもバリ島でも、どこの町、どこの村へ行っても、この「名簿」の話をほとんどの人々が信じていた。無論、なんらかの「名簿」が実在した可能性はある。しかし、それはたとえばPKIが単に「要注意人物」としてピック・アップしていた人々の名簿であって、かならずしも「殺害者」名簿でなかったかもしれない。あるいは、あらかじめ国軍側が用意していたリストを忍び込ませた可能性も否定できない。

たとえばジェンブラナでも、小学校教師であったデワ・デルタの家を家宅捜査した時、PKIの九・三〇事件への関与を確信させるドキュメントが発見されたと報告された。またドースター県知事は、PKIから押収したというドキュメントをサフロニ中隊長から入手したが、そこに描かれていた計画の内容は、PKIはヌガラに集結し、まず警察署を襲い、その後県庁を襲撃し、ヌガラの広場に県知事と警察署長を連れ出して吊るし上げ、プランチャック村(ヌガラの南方にある海岸沿いの村)へ連行して斬首する、そしてその後ようやく軍の中隊司令部を襲うというものであった。なぜ中隊司令部の攻撃が一番あとなのか、また自分や警察署長は入っているのにジェンブラナの国軍の最高責任者であるサフロニ中隊長がなぜ殺害予定者に入っていなかったのか、県知事はいぶかしく思ったと述べている(Jelantik & Suarja 2007: 143-144)。

このようなリストを提示することで、「先に攻撃しないと大変なことになる」という危機感を抱かせ、「お前もリストにはいっていたぞ。やらなければお前がやられるぞ」と焦燥感を煽ったのであった。この手口はジェンブラナだけでなく、インドネシア全土で報告されている。「殺害はもう始まっていて一刻も猶予できない」、「自衛のためにＰＫＩ絶滅へ向けて立ち上がらねばならない」、つまり「自分が殺《や》らなければ殺される」という恐怖を煽ることで、ごく普通の市民が大々的に動員され、殺戮行為へと追い詰められていった。このような論理のゆえに共産主義者の殺害は正当化され、人々の心から罪悪感をぬぐい去った。共産主義者による仕業だというレッテルを貼られた九月三〇日の事件は、ジョン・ローサのいうように(Roosa 2006)、その後のＰＫＩ撲滅の最高の「口実」にされていったのである。

しかし、ＰＫＩがそのような「リスト」を全国各地で作成していたとは到底信じがたい。東ジャワでの虐殺を丹念に調査したヘルマワン・スリスティョは、当時、明確なそして完全な名簿をタイプ打ちする能力を備えていたのは軍だけであったと述べ、軍による偽造をほのめかしている(Hermawan 2000: 174)。国軍はこのような名簿を用意することで、自分たちの手を汚すことなく政敵たちを排除していった。その名簿を渡しさえすれば、あとは彼らが殺害を実行してくれたのである。

ドースター県知事は、国軍が必要以上の暴力を用いていることを憂い、無軌道な殺害を繰り返すサフロニ中隊長に「誰も彼もすべての人間をＰＫＩだと決めつけるのはやめろ」と自重を促したが無駄であったと述べ、いかに国軍の権限が絶対的であったかを強調している(Jelantik & Suarja 2007: 140)。彼はまた、あるとき、行政執行評議会(ＢＰＨ)の一員だったＰＮＩのゲンドラが辞任を申し出たので、その可否を審議するために県議会を開催したところ中隊が押し寄せ「今はBPHのメンバーを変更すべき時期ではない」と言って力ずくで介入し、審議を中止させるということがあったと述べている。ドースター知事は緊迫した状況を避けるために降参し、「法の力が武力の前に阻止された。この事件で私は、もはや風向きが変わってしまったのだと痛感した」と述べている(Jelantik & Suarja 2007: 152-153)。

国軍の関与は、扇動や挑発のみならず、反共派への武器供与、軍事訓練など様々な形を取った。テガル・バデン事件後殺害実行部隊として編成されたPNI系ののリーダーだったマントラムは、彼らが国軍の訓練を受けたと証言している。ドースター県知事はその自伝の中で、ジェンブラナの国軍の責任者サフロニ中隊長に関しては含みのある表現を使って暗に彼が果たした役割に不透明なことがあることを示している。

3 複雑な背景を持つバリの国軍

バリに置かれた国軍の性格は決して単一ではなく、人種的、文化的、イデオロギー的に多様な性格を有していた。もともと国軍に入ったバリ人の数は少なく、しかもそのうちバリ島内に配属されている者はさらに少なく、多くはビマやスンバやスンバワ・ブサールなど小スンダ列島の各地に配属されていた（Ardhana & Wirawan 2012: 387）。すなわちバリ島駐屯の部隊に勤務していた将兵のなかでバリ人が占める割合は小さく、ジャワ人が主流になっており、歴代の司令官を初めとして国軍幹部はジャワ人が任命されることが多かった。スー・ホック・ギーは、圧倒的にジャワ人から成る国軍が直接バリ人の殺戮に関与することによって、人種対立的な構図が生ずることを避けようとして、民間人を動かしたのではないかと推定している（Cribb & Soe Hok Gie 1990: 247）。このスー・ホック・ギーのコメントは意味深長である。

バリの軍隊に対する中央の統制が強まっていったのは、プルメスタに対抗するための戒厳令の施行以後のことである。一九五九年八月（五月だという説もあり）には、ナスティオンの息のかかったジャワ人、スパルディ（Supardi）中佐がバリの司令官に任命された。その後スパルディ中佐は、スカルノによって任命された容共的なステジャ州知事に反抗するようになり一九六三年一月に解任されたが、後任に選ばれたのも同じくジャワ人のシャフィウディン准将だった。またジェンブラナ駐屯の国軍部隊（シンガラジャの大隊配下のD中隊）の中隊長も、マディウン出身のジャワ人サフロニ中尉であった。

バリの軍隊には、ジャワ人が優勢というだけでなく、それ以外にも様々に異なった人種あるいは社会背景を持った兵士が同居しているという特徴もある。その多様性はその歴史に起因する。バリは独立戦争期には、オランダの傀儡国家東インドネシア国の中心地であり、オランダからの主権移譲（一九四九年）の際には、もと植民地軍（ＫＮＩＬ）の将兵たちも含め、様々に異質な人材を国軍兵士として編入させていった経緯がある。つまりその人員構成はジャワなどと違って様々な政治的スタンスを持ち、また人種的にも多様な人材の集合体としての性格が強かった。さらに前述のようにプルメスタのあと、元反乱軍の投降兵士を受け入れたという経緯もある。

司令部がジャワ人に掌握され、また将兵の中でバリ人が占める割合が少ないといういびつな構成に加えて、バリの国軍部隊のもう一つの特色は、経済的な権益を持っていなかったということである。その当時、国家予算が脆弱だったため、国軍各部隊は、兵士の給料以外のロジスティックな部分の出費の多くは自己調達しなければならなかった。その一つの解決策として、一九五七～五八年にスカルノ政権がオランダ企業を接収し国営化した時、その多くの経営権は当該地区に駐屯する国軍部隊に与えられた。それによってオランダの農園が多かったジャワやスマトラの国軍部隊は大きな権益を得たが、バリには国有化の対象となる外国資本の農園はほとんどなかった。したがって、土地所有を基礎とする経済基盤はなく、ロビンソンによれば商業や流通の面での許認可権などを握ってこれを収入源とするしかなかったため、ジャワの国軍に比べて政治的な独立性が弱かったという(Robinson 1995: 249)。

そのような性格に加えて、九・三〇事件発生当時のバリの国軍司令官シャフィウディン准将は、共産主義者ではなかったが、強固なスカルノ主義者であった。また妻がＰＫＩ系の婦人団体ゲルワニに参加していたという噂もあった(Robinson 1995: 232)。したがって九・三〇事件発生時のバリの国軍司令官は、ステジャ知事とともに、スカルノの忠実なサポーターとしてナサコム体制を支える存在だったのである。その結果、国軍内部の親ＰＫＩ的な分子が、いくつかの部隊を牛耳るようになった。もともとバリの国軍の中には、一九四八年の共産党のマディウン蜂起の参加者などもいたのであるが、シャフィウディンが司令官になったのち、国軍兵士の左傾化が目立ち、タンパクシリン駐屯の大統領親衛隊、機動旅団のバトゥ・リティ(タバナン県)駐屯の一中隊や、クタの第七四一大隊A中隊、ウダヤナ師団地区司令部の憲兵隊などは、のちに一九六五年のクーデターに関係していたという非難を受けるようになった(Robinson 1995: 233)。

このように少なくとも当初バリの国軍部隊には、左翼的な分子が混入しており、政治的一体性も弱く、互いに対立する諸政党の上に立っていたことから求心力に欠けていた。その結果、治安維持の任務を地方の民間の防衛組織や外部の軍隊に依存することが多く、また中央で発生する政治的変化に左右されやすかった。そしてこのことが一九五〇年代の慢性的な暴力に加え、一九六五〜六六年の社会暴力を助長することになったとロビソンは解釈している(Robinson 1995: 233-234)。

いずれにせよ、一九六五年一一月末にステジャがジャカルタへ召喚され、その立場が危うくなってきたのち、それまで風向きをうかがっていたシャフィウディンはＰＫＩに対し強硬な態度を取り始め、その直後にテガル・バデン事件が発生した、ということは意味深長である。

4　陸軍降下部隊(RPKAD)の役割

国軍の関与を語るにあたり、看過できないのがジャカルタからやってきた陸軍降下部隊の役割である。同部隊は、軍の特殊任務を遂行するために編成された精鋭で、[★1]隊員は流れる血を描いた迷彩服に、赤いベレー帽という制服を身に着けていたため、「レッド・ベレー部隊」とも呼ばれていた。この部隊は一九六五年以前にも、「インドネシア・イスラーム国」の樹立を宣言してスカルノと対抗したダルル・イスラームの反乱をはじめ、中央政府に対するスマトラやスラウェシの反乱(PRRI/Permesta)、マレーシア粉砕作戦、イリアン奪回作戦など、国を揺るがすような非常事態や対外紛争に際して動員されてきた。九・三〇事件が発生した当時は、マレーシア粉砕作戦の真っ只中で、その部隊の多くはカリマンタン島のマレーシアとの国境地帯へ派遣されていた。しかし、一〇月一日未明、事件発生とともに、ジャカルタ残留部隊に対して直ちに招集がかけられ、クーデター部隊が占拠する国営放送局やハリム空軍基地の奪回に乗り出し、反乱軍の鎮圧に大きな役割を果たした。そしてこの特殊部隊こそが、ジャワ各地で一九六五～六六年の虐殺の指揮を執ったのである。当初はジャカルタでPKI事務所の襲撃などに関与していたが、一〇月二〇日頃から、PKI書記長アイディットが隠れていると言われた中部ジャワへ派遣され、クラテンやボヨラリ周辺で激しい一掃作戦を展開した。その当時司令官を務めていたサルオ・エディ（Sarwo Edhie）大佐[★2]は、もともと中部ジャワのディポネゴロ師団出身で、九・三〇事件で殺害されたアフマッド・ヤニ将軍の忠実な部下であり、その個人的な思い入れもあって、ヤニの暗殺に怒り狂っていたといわれる（Jenkins & Kammen 2012: 80-81）。

陸軍降下部隊はバリには一二月以降やって来たのであるが、その到来がもたらした意味については諸説ある。一般的には、バリでは、陸軍降下部隊がやってきてから、虐殺は沈静化し終息に向かっていったという説が流布している。本章の冒頭で紹介したように、バリへやってきたサルオ・エディが、「ジャワではわれわれは共産主義者を殺すよう人々に発破をかけたのだが、バリでは彼らが行き過ぎないように制御しなければならなかった」と述べたといわれ、その発言をヒューがその著作で紹介した（Hughes 1967: 181）ため、同部隊の到来以降虐殺は鎮まる方向へ向かったかのように理解されているのである。実際筆者が会ったジェンブラナの関係者の多くもそのような証言をしている。またドースター県知事は、陸軍降下部隊が来たおかげでジェンブラナの情勢は徐々に平穏になっていき、村長たちはデサの再建に取り組むよう命じた、と記述している（Jelantik & Suarja 207: 145）。

しかし陸軍降下部隊がやってきて虐殺は沈静化に向かったという説の一方で、むしろそれ以降いっそう激しさを増したという証言もある。またジェンキンスとカーメンも、彼らの到着と時を同じくして一二月中旬から虐殺が急速に激しさを増したのは確かである、と述べている。彼らは抹殺すべきＰＫＩ関係者をリストアップしたブラックリストを配布したり、タメン・マルハエニスと呼ばれたＰＮＩ系の自衛組織を訓練し殺戮の基礎的なテクニックを伝授したというのである。

それでは実際、陸軍降下部隊はバリにおいて何をしたのであろうか？　様々に食い違う情報をどのように解釈したらよいのか難しいところではあるが、最初の陸軍降下部隊は、テガル・バデン事件の一週間後、一二月七日にジェンブラナにやって来たようである。★3 この部隊は、東ジャワのブラウィジャヤ師団の一つの大隊といっしょに東ジャワから海峡を渡ってジェンブラナへやって来た。サルオ・エディの伝記を書いたカセンダも、一二月七日か八日頃にバリに着いたと述べている(Kasenda 2015: 94)。

カセンダは、陸軍降下部隊は社会構造に修復不可能なほどの破壊が発生する前に虐殺をやめさせることを主たる目的としていたと述べているが、この部隊が虐殺を鎮静化させる努力をしていた様子はない。現にこれ以降犠牲者の数はさらに増えている。ロビンソンは、殺戮は一一月三〇日のテガル・バデン事件直後に始まっていたかもしれないが、最初の一週間にあれだけの数の人間が殺されたとは思えず、それが大規模でかつ激しいものになったのは、陸軍降下部隊が一二月七日か八日頃、ジャワから到着して以降のことであった、と述べている(Robinson 1995: 296)。

実は、陸軍降下部隊のこの最初の中隊が海峡を渡って一二月七日にバリに来た後、さらに別の陸軍降下部隊がその一週間後かさらにそのあと(すなわち一二月中旬)に来ている。今回はジャカルタからソ連製のアントノフ輸送機でデンパサルへ空輸されてきた。アルダナとウィラワンによればそれは一二月一二日の事で、部隊はその後一月三日までバリに滞在した。[★4] そしてこの三週間の間に殺戮の最大の山場が発生したと述べている(Ardhana & Wirawan 2012: 386-387 & 390)。[★5]

ジェンブラナのドースター県知事によれば、陸軍降下部隊を送り込むことは、それに先立つ九日に「ヌガラ事件の調査のために」ジェンブラナを訪れた陸軍司令官兼大臣第二補佐官(Asisten II Menpangad)のスミトロ准将によって提案されたという。その時、朝日新聞と週間朝日の記者がスミトロに同行取材を許されており、朝日新聞は一緒にヌガラへ入ったことを記事にしている。[★6] スミトロらがバリにやって来た主たる目的は、スハルト将軍指揮下の国軍中央と、政治的にはまだ信頼できなかったバリの司令官シャフィウディンとの間の協力関係を確立させるためだったのではないかとロビンソンは推定している(Robinson 1995: 295 脚注81)が、同時にヌガラの状況は大きな懸念材料だったのであろう。ドースター県知事が、スミトロ准将に、ジェンブラナでの死者四〇〇〇人という推定の数字を示したところ、将軍はまだ逮捕しきれていないＰＫＩの一掃を手伝うために陸軍降下部隊をジェンブラナへ派遣することを提案した(Jelantik & Suarja 2007: 145)。まだ平穏が確立されていないと判断されたデサ、とりわけＰＫＩ県支部長アグン・デニアの居住地であったテガル・チャンクリン村などでの作戦を念頭においていたようである。そしてその後、その提案通りそのエリート部隊が派遣された。

陸軍降下部隊が来てから村々で脅迫行為をするよう人々が扇動されるようになった(Ardhana & Wirawan 2012: 399)。またアンソールの青年を含む反共の青年たちに短期間の軍事訓練が行われ、それ以後殺戮はさらにひどくなったというのである(Ardhana & Wirawan 2012: 386-387)。彼らはまた、同部隊の到来後、殺戮に火器が使われるようになったと述べている(Ardhana & Wirawan 2012: 401)。

アンソールのリーダーだったアドナンは次のように記している。

……RPKADがヌガラへやって来た。アンソールは歓喜で迎えた。彼らを作戦に誘った。村々のパトロールにも誘った。実際のところPKIの連中の神経はもうかなり参っていた。我々が籐の棒を持って行っただけで彼らは怖がった。いまさらRPKADは何を援助するために来たのだろう？その秘密は国軍だけが知っている(Adnan 34)。

ジェンブラナのケースではないが、陸軍降下部隊がバリで行なったことで、一つ確認できているのは、一二月一六日に、南バリ、バドゥン県のカパル(Kapal)村で約三〇人の虐殺を組織し実行したことであるが、これはそれまで見られたような民間人に眼くらめっぽうに殺させるという、「大衆主導」の処刑方法ではなく、治安当局が直接手を下している。その集団処刑に立ち会わされたバドゥン県の県知事は以下のように証言している(ジョン・ローサによるバドゥン県知事とのインタビュー)。

RPKADがデンパサルの監獄から二〇~三〇人をカパル村へ連れてきて処刑した。誰が殺害されるべきか誰が逮捕されるべきか、それは国軍地区司令部が選んでいた。ジャワから逃亡してくるものがあれば探し出せ、と地区司令部が命令していた。

私も目撃するようにと地区司令部に言われ、どうすることもできずに現場に行った。そこの住民たちもたくさん目撃していた。暗くてあまり良く見えなかったが、殺されたのは五〇人以上いただろう。誰が殺されたか知らない。その中にプゲル（ＰＫＩの財政的援助をしていた実業家でステジャの盟友。暫定国民協議会議員）がいた。処刑はＲＰＫＡＤが実行した。

同じ頃陸軍降下部隊の司令官サルオ・エディ大佐自身がバリへ来た。前述の彼の有名な発言はこの時のものであると思われる。彼は行動を止めるというよりは、殺戮を軍のコントロールの下に把握することを望んでいたようである (Robinson 1995: 297)。ジェンキンスとカーメンも、陸軍降下部隊はバリでは虐殺に関与していないという意味ではなく、無差別的でＰＫＩでない者までたくさん殺されていた状況に鑑み、殺戮にもっと秩序を持たせるために、つまりしかるべき者だけが殺されるようコントロールするためにバリに送られたのであるという (Jenkins & Kammen 2012: 99-101)。その意味において、確かにサルオ・エディの到来により、ある程度国軍による統制が行われ、「狂気的で無秩序な殺戮」には歯止めがかけられたようである。

ジェンブラナでも無秩序な状態に対しては厳しい統制が加えられたことが確認できる。ジェンブラナのアンソール隊長のダマンフリが呼ばれて陸軍降下部隊の司令官に面会した時、「アンソールの連中の殺害欲望を抑えてくれ」と言われた（Adnan 40）。また、アドナンによれば、ヌガラの華僑を脅迫して物品を要求したり、商品を略奪したアンソール隊員四名（アドナンによれば、のちにアンソールではなくDMIのメンバーだと判明したという）が、陸軍降下部隊に逮捕・拷問され、射殺ではなく、ヒンドゥー墓地で銃剣で刺殺されたという（Adnan 35）。また、ワヤン・レカンによれば、リー・グアン・チオン（Lie Guan Tjiong）の店が、民衆のみさかいの無い暴力の対象となり、もう少しで殺されるところだったが、同部隊によって救われたという（Suryawan 2007: 179に引用）。

陸軍の正規の歴史によれば、バリでは九・三〇事件のメンバーを一掃するための行動は、一九六六年一月一日以降、もはや大衆を関与させなかった、という。つまりそれ以降は、方法が整備され、明確にPKIの勢力だけをターゲットにするようになったのだという（Kasenda 2015: 95）。カセンダによれば一九六六年一月一一日付の国軍の機関紙「アンカタン・ブルスンジャタ（Angkatan Bersenjata）」の、「プロローグとエピローグ」と題する論説で、「今や行動は秩序だって行われなければならず、そのために過剰な行動は最小限にしなければならない」と論じられている。彼によれば、陸軍はこの段階で、PKIやその傘下の団体の一掃はもう十分にできたという考えを持っていたようだ。そうなった以上さらに殺戮を継続してイスラーム勢力の力を強めるようなことは避けたいと考えていた、とカセンダは言う（Kasenda 2015: 97-99）。

しかし実際にはそう簡単に民衆の行動が収まったとは思えない。確かに一九六六年二月頃、一時的に小康状態がもたらされたようではある。デンパサルで警察に勤務していたワヤン・デニアは、二月にガルンガン（バリのカレンダーに基づいて二一〇日ごとに祝うヒンドゥーの宗教的儀式）の休暇（一九六六年はその日が二月だった）でヌガラに帰省し、アルン・アルン（中心部の大広場）で式典に出席した時、状況はいったん落ち着いていて、むやみやたらな「皆殺し」は止み、ＰＫＩ関係者は一目でわかるように頭を丸坊主にさせられていたのを覚えている（ワヤン・デニアとのインタビュー）。父をトコ・ウォンの虐殺で失ったスベルデンもその時、父の弟二人が丸坊主にされていたのを覚えている。命令されて、家でお互いに髪を削りあっていたという（スベルデンとのインタビュー）。誰がＰＫＩ系なのか一目でわかるように、そして改悛の意を表明するという意味もあってそのようなことをしたのであろう。

しかしいったん小康状態を得たヌガラのＰＫＩ掃討作戦は、サルオ・エディがいなくなってから再び火を噴いたようであった。丸坊主になった者たちも、それで彼らの命が保証されたわけではなかったようである。その後もペースを落として殺戮は続き、スベルデンの叔父は、その二〜三週間後（二〜三ヵ月後かもしれない）に、軍のトラックに乗せられてどこかへ連れていかれ、二度と帰ってこなかったという。ＰＮＩの中核部隊《パスカン・インティ》（第七章で詳述）の隊員は、一二月から三ヵ月間自宅へ帰る暇もなく活動を続けた、と隊員は証言しているので、ジェンブラナの虐殺はその後も少なくとも一九六六年の三月初旬までは断続的に続いたようである。バリの虐殺が最終的に終息に向かったのは、中央政界の動きと無関係ではないだろう。ＰＫＩを擁護しようとするスカルノと、同党を一掃しようとするスハルトの権力闘争が、一九六六年三月一一日に前者が後者に治安維持の権限を委譲することを認めた「スープルスマル」命令書により、スハルトの実質的な勝利に傾き、それ以後は坂を転がるように共産勢力はおろか、スカルノ支持者たちも姿を消していった。地域によってはその後も殺戮や逃亡者の逮捕が続いたところもあったが、趨勢はほぼ決まってきた。すなわちＰＫＩシンパの者たちはほぼすべて、殺害されたり逮捕されたりあるいは逃亡したりして社会の表面からは姿を消していた。かろうじて逃れた者や、また家族を殺された遺族たちは息をひそめ、身を寄せ合ってひっそりと暮らすことになった。決して完全に平和が戻ったのではなく、不気味な静けさの背後で、さらに政治的権力争いは進行していた。

註

★1――現在、陸軍降下部隊はKopassus (Komando Operasi Khusus) と改名され、より大きな組織になっている。

★2――一般に陸軍降下部隊の指揮官には特殊部隊としての訓練を受けた者が就任していたが、サルオ・エディは参謀畑の訓練を受けた人物であった。彼を指揮官に任命する際には第二大隊長だったベニ・ムルダニからの反対があったという (Kasenda 2015:122)。ちなみにサルオ・エディは、ＰＫＩ一掃のために非常に大きな功績をあげたにもかかわらず、やがて陸軍降下部隊から外され、スマトラの地方司令官などを勤めたのち、スハルト政権が確固たる地位を築いたころには、韓国大使という軍人にとっては閑職に追いやられた。一九八九年に亡くなるしばらく前には、殺されたＰＫＩ書記長アイディットの息子イルファン・アイディットとの対談で、かつての自分の行為を詫びたといわれている。なお、サルオ・エディの娘アニは、第六代目の大統領スシロ・バンバン・ユドヨノの夫人である。

★3――アドナンも、テガル・バデン事件後まもなく陸軍降下部隊がジェンブラナへやって来たと言っている(Adnan: 34)。「数日後」だとすれば一二月七〜八日頃に来たという情報とほぼ一致する。

★4――アルダナとウィラワンは、その一二月一二日に来た陸軍降下部隊の中に医師が一人いたと述べており、またドースター県知事も、やって来た陸軍降下部隊のなかに医師がおり、たまたま自分のタマンデワサの高校時代の旧友だったと述べている。したがってドースターが言っている陸軍降下部隊の一部隊も、その一二月一二日に来た部隊のことであると思われる(Jelantik & Suarja 2007: 145)。

★5――陸軍降下部隊が到着した翌日にスハルトらもバリを訪問したといわれる(Kasenda 2015: 94)が、他の資料では確認できていない。

★6――この時、朝日新聞は一二月一四日に記事を掲載している。週刊朝日記者に通訳として同行した日本人留学生は、デンパサルは中国人街が焼き討ちにあったりしてひどい状態だったこと、軍司令部に没収された竹槍が山積みになっていたこと、キンタマニーまで行く途中、幾つかの村はかなり広範囲に焼き討ちされていたこと、などを記憶している(井上順雄とのインタビュー)。

第7章 こうして私は「隣人殺し」になった——「普通の人々」の告白

1 アルゴジョと呼ばれた人たち

殺害の実行犯は、一般の民衆とはいえ、単独の個々人ではなく、何らかの組織化された人々だった。インドネシア社会では九・三〇事件後の殺戮を実行した人たちを「アルゴジョ（algojo）」と総称している。「アルゴジョ」はもともとポルトガル語起源の「死刑執行人」を意味する言葉であった。近代的な法体系のなかの用語ではなく、伝統的な権力のもとで使われたものである。九・三〇事件後の殺害においても、単なる殺戮者ではなく、公的な後押しを得て殺害を請け負う「闇の仕置き人」のようなニュアンスで使われ、不気味な響きを持っていた。筆者が出会ったアルゴジョたちは、自らをその名称で呼ぶことに特段ためらいを持っている様子はなかった。彼らは法的に「人殺し」の汚名を着せられることはなく、むしろ国家を共産主義の脅威から救った「英雄」だとみなされているのである。

一九七三年一一月八日、検事総長のアリ・サイドは各地の高等検察庁あてに「(一九六五年の事件関連で)ＰＫＩ(インドネシア共産党)関係者に対して行われた殺害は、住民の自発的な怒りによるものであった。その問題を取り上げることによって生ずるネガティブな要因を考えて慎重に扱うように」との指示を出した。さらに「その行為は公的な利益のためのものであるから、殺害された者が共産主義者であったという証拠が提示できればそれで充分である」として殺害行為の責任を追及しない方針を明記したのである。したがってアルゴジョの多くは、自分たちの行為をあえて隠そうとはしない。

ジェンブラナにおいては、たとえばアンソールの中の戦闘的なメンバーが、アルゴジョ集団と化していったほか、インドネシア国民党(ＰＮＩ)系の人々のなかにも、ＰＫＩ一掃という大義のために選ばれ特別な訓練をうけたアルゴジョ集団が育成された。


ＰＮＩの殺害実行部隊はタメン・マルハエニス(第二章註8参照)という名で知られている民兵組織が中心になった(Robinson 1995: 140)。彼らは黒い帽子を被り、黒い長ズボンをはいていたために「黒いグループ」と呼ばれ、共産主義者の「赤いグループ」と対立して人々に記憶されている。彼らはまたクレワン(klewang)といわれる長い刀を落ち歩き、これを使って殺戮を続けた(Suryawan 2007: 139)。

タメン・マルハエニスの一部は、パスカン・インティＰＮＩ(Pasukan Inti PNI ＰＮＩ中核部隊)と呼ばれるより精鋭な部隊へと再編され、非常に集中的に殺害を実行した。ＰＮＩの支持基盤だったプニャリンガン村あたりでは、この部隊はテガル・バデン事件の発生後に作られたものではなく、日頃のＰＫＩとの対決の中で、警備のためすでに作られていた組織であった（カメル・ムルデカとのインタビュー）。しかし、テガル・バデン村の西に隣接するバルック村などでは、事件以後、急遽編成された殺害部隊のようであった。同村はＰＮＩのもう一つの重要拠点で、ここは同党のジェンブラナ支部長スエラム（Suelam）の出身地であった。パスカン・インティは、スエラムの弟で小学校教師のスカルノ（Sukarno）が隊長になり、ヌガラ近隣から三七人のメンバーを集めて一小隊が編成された。パスカン・インティのメンバーの一人であったバルック村の住民マントレム（Mantrem：当時二五歳）によると、パスカン・インティの設立にあたっては軍から軍事訓練を受けたという。この訓練では火器は使用せず、「匍匐《ほふく》前進する」など、軍隊と同じような基礎的訓練を受け、制服（タメンと同じ上下黒い服と黒い靴。そして陸軍降下部隊を真似た赤いベレー帽）と刀剣が無料で支給された。この真っ黒な装束は、たとえば海峡を越えたジャワ島東端のジェンベルでこの頃登場した殺害部隊、ガジャ・ヒタム（Gajah Hitam 黒い象の意）も着用していたいでたちであった。各地で「赤」に対抗するものとして「黒」装束が選ばれたのかもしれない（同氏とのインタビュー）。

なお、サムスルによれば、アンソールのメンバーでもこのパスカン・インティに入っていたものもいるというので、必ずしもＰＮＩに限定した組織ではなかったのかもしれない（Samsul 2019: 133）。

バルック村のマントレムが最初に人を殺したのは、テガル・バデン村から送られてきた九〇名のうち何人かであった。その後、一九六五年一二月から翌年の二月頃まで毎日のように、あるときは一五人、あるときは二〇人と手にかけた。その三ヵ月間、彼はほとんど家には帰れず、部隊の詰所で過ごした。「ジャカルタから軍隊が来て秩序を回復するまで続いたよ」と彼は語る。

人々は、パスカン・インティというフルネームではなく、ただ「インティ」と呼んで恐れた。「インティが来るよ（Inti kal mai）」とささやきあって近所の人々と警戒しあったという（Samsul 2019: 132）。

パスカン・インティとは別に非常に残虐なＰＮＩ系の部隊があったという。それは「蟻の火部隊（Pasukan Babuang Apia）」という名前で、ＰＮＩの幹部ウェダストラ・スヤサの弟のウィダグドに率いられていた（Suryawan 2007: 156）。村人たちの話によれば、ウィダグドは、地元のプニャリンガン村でも非常に残忍だったこと、そしてまた女好きであったことで知られており、捕まえたＰＫＩ関係の女性を強姦し、そののちに殺したといわれている。

2　何が彼らを「隣人殺し」へと追い立てたのか？

一連の事件を見ていて戦慄を覚えるのは、大量な数の人々の命を奪った実行犯の大部分が、軍人や警

虐殺に用いた刃物を手に当時を振り返る元パスカン・インティ隊員セルトゥ氏

察官ではなく、そのような一般の民間人だったということである。しかも猟奇的ともいえる、必要以上に残忍な殺し方をして、被害者の苦しみもがく様子を楽しんでいたケースもしばしば伝えられている。たとえば生きたまま体を少しずつ切り刻んだり、バビ・グリン（ブタを棒にぶら下げ、回転させながら丸焼きにする料理）のように火であぶったり、あるいは遺体から首、耳などを切断して勇敢さの証として持ち帰ったりという類いの話である。

とはいえ、筆者の聞き取りに応じてくれたアルゴジョたちは、たまたま行為を悔いることなく、むしろ誇りに思って生きてきた例外的な人たちであり、殺害に加わった多くの人々は、そのことを後々悔い続けて生きてきたのかもしれない。自分は共産主義者の征伐に手を貸したが、搬送や墓掘りをしただけで、実際の殺害には手を貸していないと強調し、殺害行為自体は否定し続ける人も少なくないからである。何かしら後ろめたさを感じていたり、思い出したくないトラウマになっている場合も、じつは多いのであろうと推察する。現に事件のあと精神的不安定に陥った人の話もよく耳にした。じつのところ、本書で紹介するアルゴジョたちの証言は、そのような中で口を開いてくれたごく一部の人たちの証言でしかないのかも知れないが、しかし彼らの語りの中にも奥深い苦悩を読み取ることができる。

◆殺戮の論理

たとえ国軍からの命令や扇動があったにせよ、アンソールやPNIのパスカン・インティのメンバーたち――それまで全く普通の市民だった人たち――が、そう簡単に人を殺せるものなのだろうか。今すぐ抵抗しなければ自分自身や身近な人の命が危ないという正当防衛に類するケースや、その存在さえ抹殺したいほどの極めて大きな恨みを相手に対して持っているようなケースを別にすれば、命令されたからと言ってひとを殺すという行為は、普通の精神状態の人にとって、そう容易なことではない。一体何が彼らを突き動かしたのだろうか。

バリで起こった殺戮は、これまで文化的視点、とりわけ慣習に基づく儀礼的なコンテクストやコスモロジーの中で解釈されることが多かった。ロビンソンによれば、プンデタ(pendeta)、プマンク(pemangku)、バリアン(balian)などと呼ばれる宗教的権威者(祭司)たちが、共産主義者たちは神々を汚したので、彼らを成敗することによってバリ島を清浄化しなければならない、と扇動したという（Robinson 1995: 299-301）。一九六三年のアグン山の噴火も、その翌年の飢饉や家畜を襲った伝染病・ジェンブラナ病の流行も、共産主義者が聖なる島を冒涜したことに対する神の怒りであると解釈され、聖なる島を浄化しなければならないと考えられた。つまりPKIの行為ゆえにバリは穢れ、神々の怒りを招いたのだから、そのような悪い状況をもたらした勢力からバリを浄めるため、殺害という手段による排除もやむを得なかったというのである。

しかしロビンソンは、虐殺をバリ人の伝統的な文化的な背景や、宗教的な要因で説明しようというこれまでの説（ヒューなど）を強く否定する。彼は「それは、不可避のミステリアスな文化的な力あるいは宗教的情熱の結果として出てきたものではなく、人類のなした行為によって引き起こされた、予想可能なものであった」と述べ（Robinson 1996: 119）、PKIがジャワやバリの村落社会のハーモニー（調和的な性格）を壊したから（攻撃した）という言説自体が、それをジャワやバリの村落の基本的な価値観だとする文化人類学者ギアツ（Geertz）の描いたイメージに依拠しており、そもそも考え方に疑問がある、と批判的にみている（Robinson 1996: 120）。彼は、歴史的に見てもバリはかならずしも調和的ではなかったとして、革命期にインドネシア共和国派とオランダの傀儡国家である東インドネシア国を支持する派に分かれて争ったことや、戦前にはカースト的な対立があったことを指摘する（Robinson 1995: 277）。つまりカーストを初めとする既存の文化的・宗教的慣習や制度を温存しようとする勢力と、改革（変化）を求める人々の間の政治的対立があったと捉えている(Robinson 1995: 271)。宗教的な対立を口実に殺害が行われたが、実際には政治的対立が重要だというものである。

第一章で見たように、議会政治や村落での大衆動員などの中で起きた政治的対立や、農地改革をめぐる経済的恨みなど、様々な利害関係の相反はあったにせよ、ＰＫＩ支持者とアルゴジョたちはそれまで同じ小さな町や村の中で隣り合わせに暮らし、生活の様々な面で補完しあいながら生きてきた。ヒンドゥー教徒のバリ人同士であれば、同じ一族、場合によっては同じ世帯の中にＰＮＩ支持者とＰＫＩ支持者がいることは、ごく自然であった。それがある日突然、相手の命を奪う行為へとエスカレートした背景には、どのような理論づけがあったというのだろうか。一体何が、同じ民族、同じ宗教の仲間を殺し尽くすほどの大きな動機になりえたのだろうか。人々を殺戮に至らしめる触媒のような役割を果たしたものがあったのだろうか。そこには、なにかしら理性や合理性を越えた要因が働いていたように思われる。

バリ人研究者のサンティカルマは、殺害の動機を、政治的対立や農地改革をめぐる経済的恨み、伝統に固執するグループと革新勢力の対立、あるいはカーストの問題などと結びつけて解釈しようとするロビンソンやクリップなど欧米の研究者の解釈を否定する。彼によれば、一九六五年の出来事は、その衝撃の強さゆえに、政党間の対立や、一方的行動など目に見える、フォーマルな、理性的かつ公的な空間で起こったこととして取り上げられる傾向があったが、実は目に見えない、インナーサークルで起こった、理性的には解釈できない、論理的に理解するのが難しいものであるという(Santikarma 2004: 3)。

3 アルゴジョへの道

◆闘いの準備——不死身になるために

九月三〇日にジャカルタで事件が発生してから、バリで実際に殺戮が始まるまでの期間(一〇〜一一月)ジェンブラナのPNI活動家やイスラーム組織NUの青年団アンソールの隊員たちは、何もわからないままに、ジャワからの便りなどを耳にして、えも言われぬ不安に襲われ始めていた。以前から長く存在していた政治的、経済的対立の影で、何らかのあらたな「闘い」が予想され、それに向けた心の準備が進められていた。

一〇月一〇日にNUのスラバヤ支部は、クルアーンの第二章一九一節を引用して、九月三〇日運動に対する適切な反応は、秩序を乱したものをそれぞれの場で撲滅することであるとの声明を出し、PKIの抹殺は宗教的義務であるという意識を植え付けた。また、あるキヤイ(イスラーム寄宿塾の教師)はファトワ(宗教権威者によって出される法学裁定)を出してPKIはイスラームに対して好戦的な異教徒であり、正当な政府に対する反乱者であるから、それに対してムスリムは宣戦布告するのが義務であると宣言した。このファトワは、アルゴジョたちに宗教的な免罪を与えることになったといわれる(Fearly & McGregor 2011: 121)。このようなジャワ島での動きに、ジェンブラナのアンソールのリーダー、アドナンが非常に当惑したことは第四章で述べた通りである。

恐怖を植え付けられたジェンブラナのムスリムたちは、ジャワでの流血騒ぎを耳にするにつれ、自分たちのところでも何か危機的なことが起こるのではないかという不安に襲われ、万が一に備え、防衛のための心の準備を始めるようになった。一つには宗教的な権威者たちから力を授けてもらおうという動きである。神秘的な超能力をもつイスラームの長老たちに力を吹き込んでもらった籐製の棍棒を、海峡を渡ってジャワ人のムスリムたちが持ち込み、それをジェンブラナのアンソールのメンバーに配ったといわれる。そしてそれに刺激されたアンソールの隊員たちも、地元の指導者たちのところへ様々な品物を持ってはせ参じ、それらに力を吹き込んでもらって護符(御守)にした。

アンソールの書記だったアドナンは、自分の住居の近くの青年たちが次々とイスラーム塾の先生の家に押しかけて、不死身になるための施術を乞うていたのを不思議に思ってみていたと述べている。施術を受けて一定の修行を積むと不死身術の免許皆伝になるのだった(Samsul 2019: 117)。アンソール隊員のアワッド・ビン・ムハマッド・ジャビール(Awad bin Muhammad Jabir)はある日、他の青年たちといっしょに集められ、不死身術の権威であったジャワ人のキヤイから技術を伝授された。その時のことを次のように証言している(Samsul 2019: 118ならびに同氏とのインタビュー)。

我々は「立て」、と言われました。私たちの首を刀で斬るというのです。本物の刀で！お腹も切られました。両手両足も……でも何ともないのです。全くきず跡がありませんでした。

これは一二月に大量殺戮が始まる以前のことで、アドナン自身はなんのための修行や御祓いなのかと、シニカルに見ていたという。実際、嵐のようなＰＫＩ一掃作戦が始動されるまでは全く実感がわかなかったのであろう。

しかしその当惑は、一一月三〇日にテガル・バデン事件が起こったことにより払拭されることになった。殺された仲間に対する憤怒を国軍に煽られ、アンソール隊員たちは、ＰＫＩに対する「一方的」攻撃に乗り出した。それまでＰＮＩ系の人々に比べると、ＰＫＩへの憎悪や個人的怒りが相対的に薄かったジェンブラナのムスリムを奮い立たせるうえで、テガル・バデンで奪われた二人のムスリムの命は、決定的な意味を持ったのである。アンソールの若者たちはリーダーに動員され、ありあわせの凶器を手にとってかけつけた。彼らは、神を信じない輩としての共産主義者の征伐という正統性の論理に加えて、テガル・バデン事件で実際に失った仲間の命に対する復讐という契機を得たのである。

アドナンもいざ戦闘が始まると、出陣の前には御守を探して身に着けて行った。テガル・バデン事件で犠牲になった二人のアンソール隊員の遺体を収容しに現地へかけつける前に彼は、スプリヤディ(Supriyadi)二等兵の家に寄り、「rantai babi」(豚の首輪　黄色い金属製の輪)という不死身の御守を借りて行ったという(Adnan 39)。

たとえ御守を持っていたとしても、人を殺すという行為は、決して簡単なことではない。殺害を実行するように命令された人たちは宗教的な義務感から――少なくとも自分にはそう言い聞かせながら――手を血に染めた。アンソールの若者たちは「怖がらずに人殺しができるように」キヤイたちから祝福を受けて自らを奮い立たせた。バリではなく東ジャワで筆者が耳にした事例であるが、「自分自身で手にかけたものだけでも五〇人はいる」と豪語していた元アンソールのメンバーは、次のように語った。

自分たちが何をするために動員されたのかが分かったとき、私は冷静に行動できるよう、キヤイから力を与えられた。「これは一時的なものだよ。悪用したらいけない。終わったらここへ来なさい。私が(その水を)抜いてあげるから」、とキヤイは言われた。それを飲むと恐怖心はなくなったよ。薬を注射されるのではなくて、瓶から大量の水を与えられて酔ったような気分になるんだ。そうやって気持ちを楽にした。

また、度胸をつけるためには犠牲者の血を吸うとよいとの噂が出まわり、彼らはそれを実行した。しかしこの行為は明らかにイスラーム的なものではない。イスラームは血をすすったり体の一部を切りとったりすることを禁じている。それでも人を殺すということは、本当に重たい行為だった。初めての体験ののちにはだれもが目まい、吐き気をもよおし、なかには失神するものもいた。アドナンは次のように書いている。

殺害を終えたばかりの仲間に会うと、多くは精神状態が不安定で、目は赤く腫れ、すぐ怒りやすく、話しかけられても無口だった。私は彼らをキヤイ・サイド・アリ・バハキ(KH Syd Ali Bafaqih)の家に連れて行った。そして彼らの精神を落ち着かせて下さいとキヤイに頼んだ。キヤイは水を与えて飲むように言った。それを飲むと彼らは落ち着いた(Adnan 40)。

このように、殺害という行為に恐れおののくアルゴジョがいる反面、少しでも多くの殺しを行い、功績をあげたいと競って犠牲者を奪いあったという話も聞く。犠牲者を迎えに行く軍のトラックがアンソールの事務所へやってきては、その日のアルゴジョを二、三人連れて行くが、選ばれた者は、作戦に参加できることに高揚した気分であった、とアンソールのリーダー、アドナンは述べている(Adnan 36)。

◆アンビル・ジャタ――殺しの手順

テガル・バデン事件直後の直接的自然発生的、かつ手当たり次第の攻撃が一段落すると、いくらか定まった手順が適応されるようになった。その後の殺戮は、その日殺害する対象として割り当てられた者の名簿を国軍などから渡され、それに基づいてアンソール隊員やPNIのパスカン・インティの隊員がそれぞれの村に足を運び、村役人らの助けを得てその人物を探しだし、トラックにのせて殺害場所まで運ぶという形が取られた。これをアンビル・ジャタ(ambil jatah「割り当てを受け取りに行く」の意)と呼んだ。また「お迎え」が来て連行されることはクナ・ジャタ(kena jatah「割り当てに遭う」)とか「クナ・ガリス(kena garis)」と言った。

先に紹介したパスカン・インティのマントレムは、「彼ら(アンビル・ジャタされる者:筆者注)はいくつかの階級に分類されていた。たとえば熱心なPKI党員は「鹿」と呼ばれた。鹿の様にずる賢く、率直に政府を批判していたからだ。彼らに弾丸は通用しないと信じられていたから、斬首した「ヤギ」は何もわかっていない普通の支持者で、殺さなかった」と、朝日新聞の特派員に語ったという(古谷 2015)。しかし、実際には単なる支持者も区別なく殺されていたのが実情のようである。

どのようにその名簿が作成されたのか、であるが、幹部であれば事件前、集会に顔を出し演説をぶったりしたので顔も知られていようが、単なる支持者の場合、周辺にいた同じコミュニティの仲間にしか分からないことが多い。つまり、名簿の元となる情報はもともとコミュニティの内部から出たものであり、周辺の村人たちからの情報に基づいて村長やバンジャル長らが作成することが多かった。村長やバンジャル長は、この「名簿作成の権限」をもっていたために村人からひどく恐れられた。人々は彼らを、バリのワヤンの物語の中に出てくるサン・スラトマ（Sang Suratma）という神に例えた。これは、人間がこの世に住んでいた時の行いを書き留める任務を与えられ、誰が地獄でどのような罰を受けるのかを決める権限を持った神である。ひとたび村長に名前を書かれたら致命的であるため、家族は収穫物をすべて引き渡したり、村長が家を建てるときは無償で労働力を提供するなどの条件を出すなどして村長を収賄し、難を逃れようとした（Tim Penulis 2012: 211）。PNI系のある村長は、何人かのPKI関係者に、自分の土地の権利書と引き換えに命を助けてくれと頼まれてそれに応じ、富裕になった。そういうことも、国軍やアンソールが居合わせない時には可能だったようである。それでも助けられる相手は、党内での地位が低かった者、その地域に政敵がいなかった者、十分な資産を持っている者に限られた（Mary Ida Bagus 2012: 216）。

一方、PKIとは無関係であるにもかかわらず、日ごろの個人的な恨みによって、党員と名指しされた者もいた。いわれのない咎めを受けることを「フィトナ」といい、筆者が会った犠牲者の遺族のほぼ全員が、自分の家族はフィトナのために殺されたと主張した。実際フィトナによる殺害がどのくらいの割合を占めていたのかは判然としないが、このような事実がコミュニティ内部で人々の疑心暗鬼を増幅したと思われる。

自分の名前が名簿に載せられていると嗅ぎつけた者は、自分から警察へ出頭することもあった。取り調べもなくただちに殺されるよりは安全だろうと考えてのことであったが、数日するとアルゴジョたちが警察の拘置所へその者を引き渡すよう求めてやってくるのが常だった。すると警察は彼らの言うなりに引き渡すのだった。バリの悲劇が「民間の住民間の対立」だと言われるゆえんである。

多くの場合、連行される人々は両手を後ろに回し、左右の親指を細い綱で縛られた。軍が民間から徴発したトラックに彼らを乗せると、また次の村へ別の「割りあてられた」者を迎えに行った。アンソールとPNIという二つのグループは殺害予定者を奪い合っていたようで、アドナンによれば、アンソールが大量の犠牲者を乗せて拘留場所や処刑現場まで運ぶ途中、PNIがトラックを止めて「俺たちにも分け前をよこせ！」と要求するなどということがしばしばあった。まるで、イモや大根でも分配するかのように、何人かをPNIにまわしてやったという(Adnan 36)。

連行される途中で抵抗する者はほとんどいなかった。多くは、その運命を悟っていたのであろう。ただ、恐怖に駆られて飛び出し、井戸に身を投げて自殺した者もいたとのことだった。

現在、バルック村役場が建てられている場所にはPNIパスカン・インティの司令部がおかれていた。ジェンブラナ各地から集められたPKIの殺害予定者はいったんここへ連行され、順番を待った。一部の者は、竹垣で区切られた一〇アールほどの土地で殺害された(Suryawan 2007: 139)。後日、まさに殺害

虐殺の現場となったチャンディ・クスマの丘と海岸

の現場となった場所にバルック村の役場が建てられたため、このあたりの人々は、村役場の建物は人間の血を土台にしているという（マントレムとのインタビューより）。ところで、このバルック村役場の前には、第二次大戦の終結間もない一九四五年一二月一四日に、武器を奪うために日本軍兵舎を襲撃して[★1]倒れた若者たちの功績をたたえる記念碑が建っている。しかし、ちょうどその二〇年後に、多くの命が無残に奪われたことに関しては、何の慰霊もなされていない。

　もっと多くの殺戮が、大量埋葬の墓地としてあらかじめ用意された殺害場所へ連行して行われた。そこで殺してすぐ埋めれば、遺体を運ぶ手間が省けるからである。

　主たる殺害場所は、チュペル村、レニン海岸、そしてチャンディ・クスマの三ヵ所だった。いずれも非常に風光明媚な海岸であるが、そこが選ばれたのは、砂地の方が遺体を埋める穴を掘るのに楽だったからだとマントラムは言う。チャンディ・クスマの海岸は、砂浜のすぐ近くが小高い丘になっていて、石段を上りつめたところに小さな寺院（チャンディ）が建っている。ここから見下ろすインド洋は絶景である。犠牲者たちはこの丘の上で殺され、遺体は下の海岸に投げ捨てられたのだという。非常に皮肉なことに、現在この地には、社会福祉・労働・移民問題を取り扱うジェンブラナ県の事務所が厚生施設を建てている。

虐殺からしばらくのち、これらの海岸の砂浜から波に洗われた遺体が海に流れ出したという話も耳にした。海峡を挟んでバリの対岸にあたるジャワ島バニュワンギの漁師たちは、バリから老若男女の遺体が流れてくるので、海の魚を食べなくなっているという話をアドナンが記している（Adnan 33）。しかし実際には、マニュアル通りにいかないことも多く、村々の普通の住居地で殺して近くの井戸に投げ込んだり、海岸の砂浜に穴を掘って埋めたりするケースもあった。

4　ジレンマのなかで

◆親族を手にかけた人々

自分の村の人間（krama）は村内では殺さず、他の地域に割り当て（jatah）として送ったり、あるいは遠い海岸や墓地などで殺すようにしたという話がある一方で(Suryawan 2007: 132-133)、現実には、身近なコミュニティ内で隣人同士の殺戮が起こった事例も枚挙に暇がない。

村内の人間関係は、単純に敵味方に分けられるものではなかった。同じ一族、場合によっては同じ世帯の中にPKI支持者とPNI支持者の双方がいることも当然あった。追い詰められたPKIの関係者たちは、親族にPNI関係者がいる場合、その庇護を求めようとし、求められたPNI関係者は深いジレンマに襲われた。PKIを助けたことが分かれば自分の立場も危うくなるからである。身を挺して兄弟を助けようとしたケースもあれば、自分の身を守るため心を鬼にしなければならない場合もあった。自分の潔白を強調するためにPKIの親族や兄弟を犠牲にしたり、一族全員が穢れるのを防ぐため家族の一部を犠牲にしたり、あるいは血がつながっているからこそ、他人の手にかけるよりはむしろ自分でと考え、手を下すこともあった。

◆体をはって住民を守った部落長

このような事態に直面して、何とか親族や知人を助けようと試みる人たちがいなかったわけではない。しかし上述のように多くの場合、人を助けることは自分の命を危うくすることを意味した。「コミュニストを擁護した」、「コミュニストを殺せと言われたのに殺さなかった」というだけで咎めを受ける狂気の沙汰であったから、近い親族や親友でも助けることははばかられた。中には殺戮に反対し、裁判で裁くべきだと主張したキャイもいたが少数だった(Fearly & McGregor 2011: 125)。ドースター県知事でさえ、親戚の者を助けることができなかった。彼はこのように記している(Jelantik & Suarja 2007: 143)。

……私の故郷の村から人が来た。知事様の従弟が「クナ・ガリス」される予定になっているが、始末するお許しをいただきたいと言ってきた。私は弱弱しくうなずくことしかできなかった。彼は独立戦争の時の私の右腕だった。「ちゃんと葬ってやってくれよ」とだけしか言えなかった。

あるPNIリーダーが、ムスリムの恨みをかったPKI党員を守るためにPNIの党員証を与えたことで逮捕され、やがて殺され、その遺体が永遠にチャンディ・クスマの海岸で〝休憩させられる〟ことになったという事件もあった。彼は一九五五年にPKIが設立されたときの創設メンバーの一人だったが、アグン・デニアと仲たがいしてPNIに移っていたのだった(Suryawan 1995: 176)。

当然のことながら、殺害を命令されてもどうしても殺せなかった人もいた。ヌガラから車で西方へ一五分ほど行ったブラワンタンギ(Berawan-angi)村のあるバリ人青年は、アンソールからコミュニストを殺せと命じられ、刃物をもたされたが、恐怖のあまり失神してしまった。限りなく人間的である。

今もその人物は存命で、この村に暮らしている。小さな村のコミュニティであるから事件のことはだれもが知っているが、彼自身は最近まで一切それについて語ろうとしなかった。老齢で寝たままになった彼が、ようやく重い口を開き、筆者に語ってくれたところによれば、彼は正気に戻ったのち人目を盗んで一目散に逃げ、村のはずれにある川の淵に身を隠していたという。その間、家族を殺された犠牲者の遺族などがこっそり食事を差し入れてくれ、命を繋ぐことができた。そして三ヵ月ほどたった時、赤いベレーの軍隊(陸軍降下部隊と思われる)がやってきて、アンソールの無謀に対して厳しい態度をとるようになり、彼もようやく隠れ場所から出ることができたという(ワルヨとのインタビュー)。

当時はこのように殺戮を拒んだ者は命を奪われるのが常であり、たとえ殺されないまでも、その時の雰囲気のなかでは「弱虫」「国家への忠誠心の弱い人間」と見なされて非難を浴びた。ただ筆者が村人たちへのインタビューを通じて観察するところでは、今では、村人たちは彼のことを口にするとき、同情と、安堵と、難を逃れることができたことに対する多少の妬みの入り混じった表情をする。この人物は筆者に胸の内を語ってくれたのち、まもなく亡くなった。

一方、「コミュニストを殺せばお前は助けてやる」と言われ「やむなく」隣人を殺した者も、その後、何事もなかったかのように同じ村の同じ慣習村《バンジャル》に、住み続けている。そのことを私に語ってくれた村の顔役は、「(筆者には)誰だとは言わないけどね。村の者は皆知っている。ほらさっき話しているとき、そいつの息子がここを通り過ぎて行ったよ」と言ったが、あえて筆者も面会を求めなかった(ワディアとのインタビュー。二〇一八年三月一〇日)。

そうした狂気の吹き荒れる中でも、人道的な見地から勇気を振り絞って近隣の「無実」の住民を助けた長老たちもいなかったわけではない。第四章で紹介したテガル・バデン村のムスリム・リーダー、アスムニや、メルタサリでのハジ・ウマルは、見境なく無差別的に人々を殺害することに反対の立場を取った人物であったが、そのほかには、レラテン区のバリ人長老レカンの事例を多くの人々が口にする。彼はコプラを取り扱う裕福な商人で、PNI党員であった。「クナ・ガリス」された者が明確なPKI党員でない限りは助けたいという意思を強く持っており、事件当時、嫌疑をかけられ殺害を恐れて彼の家に逃げ込んできた人物をたくさん匿っていたという。

当時まだ小学生であった彼の息子は、父に助けられ殺害を逃れて墓地から徒歩で彼の家まで連れてこられた近所の人たちのことを覚えている。ヒンドゥー墓地へ赴いたレカンは、「私のワルガ(コミュニティの成員)に何ということをするのだ」と言って彼らの潔白を主張し、処刑を免れさせた。命を救われた人々は力が抜けて彼の家の前に座り込み、跪いて(sunkam)彼の父の腕を取り、礼を述べていた(レカンの息子とのインタビュー)。

そのとき助けられた一人、ティラム[★2]からも話を聞くことができた。彼は先ず学校に集まるように言われ、そこへ行くと国軍のミスカルとアブ・カパスがいて、彼らをヒンドゥー墓地へ連行した。そこではアンソール隊員がアルゴジョとなって処刑が始まり、すでに二人が殺されていた。そこへレカンが駆けつけてきて、アンソールのメンバーに対し、「私の住民を殺したら今すぐにロロアンのムスリムコミュニティを攻撃して破壊してやる」と叫んで処刑を止めさせたという(同氏とのインタビュー)。

レラテン区で漁師をしていたイ・ネンガ・ヴェルケンも殺害リストに入れられ、レカンに助けられた一人だった。レラテン区の小学校に集められ、ＰＫＩ幹部の家に投石するよう命令された。そこへ国軍のサフロニ中隊長の部下がトラックでやってきて彼もそれに乗せられ、墓地へ連れていかれたが、顔見知りの魚商人が来て、「解散しろ、ああだこうだ言うな」と言って全員を帰らせてくれた。それは本当にＰＫＩであるかどうかレカンが選別してくれたおかげだということだった(ヴェルケンとのインタビュー)。レカンはその時は何の咎めを受けなかったが、情勢が落ち着いてから呼び出されて取り調べを受けたという。しかし大事には至らず、反対に、その後レラテン区長に選ばれた。

アルゴジョたちにも、迷いや喜怒哀楽は当然あった。実際に自らの手を血に染めて何人もの人を殺したアンソールのリーダー、アドナンさえ身体を張って「無実」の者を助けたことがある。ある日、ＮＵの事務局へ向かう途中ヒンドゥー墓地を通りかかると、ＰＫＩの処刑が行われようとしていた。誰が殺されるのかと思い覗いたところ、一三人がいた。なんとそのうち二人は、彼が何もかもよく知り尽くしている連中で、ヌガラの市場でコメを売っていた商人だった。彼らはＰＫＩではなかった。しかし家の塀にＰＫＩのマークが付けられていたため群衆にＰＫＩだと誤解されたのだった。そのマークは義弟が勝手につけたものだった。アドナンは確信があったので、そこにいたアンソールの連中に二人を釈放するように命令した。二人は涙を流してアドナンに抱きついたという(Adnan 30)。しかしそのアドナンにも、どうしようもないことの方が多かった。彼は次のようなケースを紹介している(Adnan: 30-34)。

夕方五時に私がアンソールの事務局にいると、レラテン区から二〇〇人を逮捕し、大通りに並ばせているという連絡が入った。彼らは鎌と槌のマークのある家から連れ出されたものだ。もう夕方だったし、墓穴もまだ掘っていなかったので我々アルゴジョは殺害を躊躇した。そこで私は軍の兵士にそのPKIの連中を射殺してくれるよう頼んだ。サフロニ中隊長は私を抱き、耳もとで「できないなら今晩は帰らせたらどうかね？　我々の銃弾も少なくなっているので」とつぶやいた。そこで私は彼らを釈放した。命が助かったとわかって彼らは泣いていた。

ところがまもなく日没前にアブ・ハファス(Abu Hafas)中尉がふたたび私に会いに来て、「墓の準備があるか」と聞いた。私は「一五から二〇遺体分ならあります」と答えた。イシャ(夜半の礼拝)が終わってから私たちはヒンドゥー墓地に集結した。殺害予定者を運んできたトラックのドアが開いて覗き込んだところ、驚いたことに、なんと先ほど釈放した者たちの一部が入っていたのだった。いったん助かって喜びに泣いていた者が、しばらくしてまた死の淵に立たされるとは、なんという残酷なことだろう。この話にはまだ続きがあった。

そのうち一人は、私が拳闘を教えた相手だった。彼は私を見て助けを求めた。私は耐えられずランプを他の者に渡してそこを離れ、遠く離れて椰子の木の下に隠れていた。処刑が終わると一人が私の所へやってきて「アドナン、奴は俺がやった。あいつは俺の親戚だから」と草で刀を拭きながら言った(Adnan: 34)。

◆ニュパット──自ら受け入れた死

バリでは、殺害する側の論理としてニュパット(nyupat)というヒンドゥーの考え方が使われたという解釈がある。ニュパットとは、苦しみから逃れ、そして輪廻の機会を与えるために、あえて自ら人生を短くすることを意味する言葉である(Robinson 1995: 301)。具体的には自ら申し出て死を受け入れ、抵抗せずに殺されることである。実際にはただ無残なばかりの殺害行為に、このような宗教的意味づけをすることによって正当化されるのであった。たとえばヒュー(John Hughes)は、一九六五〜六六年のバリでは犠牲者たちの方から、殺される前に自らニュパットを受け入れ、白装束に着替えて、抵抗もせずに黙々と死についた、と記し、「PKI党員はかくして自らを清めるとともにこの島を清めたのである」という解釈を加えている(Hughes 1967: 181)。

プリングルもニュパットが行われたことを信じており、ステジャ知事もジャカルタで殺された際、そのように死を受け入れたという。彼によればバリ人が殺される時ニュパットを申し出た場合は、他の場所に分けられてそこで殺されたという(Pringle 2004: 177)。弟が殺されたというジェンブラナ県ペクタタン郡のある住民は、ニュパットに関して以下のように証言した（スワンドゥとのインタビュー）。

彼ら（共産主義者たち）は逃げなかった。自分の過ちを認識していたので、家族に被害が及ぶよりはと考えて抵抗せず潔く死を選んだ。もし抵抗していればPNI側にも被害者が出たはずだ。その代り、彼らは死後ヒンドゥーの儀式に従って葬られた。それは大事なことである。

バリでは本来、死者はガベンと呼ばれる儀式を行って火葬される。しかし虐殺の犠牲者の大半は火葬してもらえず、遺体は井戸や海に投げ捨てられた。そのような中でニュパットを受け入れればしかるべき扱いを受けたというのである。しかしロビンソンは、犠牲者が自らニュパットを受け入れたという説を否定し、「彼らは何の警告もなく田んぼや自宅から——ときには深夜に——連れだされ、処刑場まで運ばれて行き、儀式などなしで撃たれ、刺し殺され、斬首され、時には遺体をバラバラにされたのである」と反論している（Robinson 1995: 279）。

◆イスラームへの改宗

死の運命から逃れるために、しばしばイスラームへの改宗という方法が取られた。テガル・バデンでムスリムのリーダー、アスムニに命を救われた者がいたことはすでに記したが、そのアスムニに勧められ、身の安全のためにイスラームに入信したバリ人の話を聞くことができた。彼は学校に集められていた時、アスムニの助言に従ってムスリムに改宗し、その後数ヵ月間、多くの仲間と一緒に村のムディン（宗教担当役人）の元でクルアーンの読み方を学んだ。しかし、結局状況が落ち着いてから再びヒンドゥーにもどってしまったという（リコとのインタビュー）。

メルタサリの虐殺の時も、生き残った住民老若男女が、「割礼をしてくれ、イスラームに入りたいのだ」と口々に叫んだ、とアドナンは記している。彼らは学校の教室に集められ、アンソール隊長のダマンフリが、「イスラームに入信したければ状況が落ち着いてからまた来い」と言いきかせて帰らせた。しかし状況が落ち着き、危機が通り過ぎると、改宗に訪れる者は一人もなかったという。ただ恐怖心から入信したいと言っただけだったのだから、とアドナンも認めている（Adnan 39）。

前述のように、一連の虐殺ののちに登場した新しい政権は、それを国家のための行為をであったとしてあらゆる方法でアルゴジョたちを正当化し、一九七一年には検事総長が、動乱の中で共産主義者を殺したものは罪に問われないとの布告を出した。しかし、それでもアルゴジョのなかには長くトラウマを抱えた者も少なからずいた。アルゴジョたちが不慮の死を遂げたり若死にしたりすると、人々は「カルマ（罰があたった）だ」と噂した。とりわけ残酷だったことで住民を恐怖に陥れた国軍のミスカルは、虐殺後間もない一九六七年に死去したが、この時も人々は口々にカルマだと囁いた。

註

★1——これは一九四五年一二月一三日のことで、このとき攻撃を受けたのは、陸軍山砲隊一個大隊のうちの分遣隊一三名である。うち一一名が殺された。

★2——ティラムは短編作家プトゥ・ファジャル・アルチャナ(Putu Fajar Arcana)の叔父で、この話は同氏の短編小説“Daftar Hitamu”[ブラックリスト]の題材にもなっている(アルチャナとのインタビュー)。

第8章

嵐の去ったのち

一九六五年一一月三〇日に始まり、いたるところを血で染め、罪のない村人たちを恐怖のどん底に陥れたジェンブラナの大虐殺は、翌年五月頃ようやく下火となった。★1 人々の心に深い傷を残したまま役所や学校は再開され、農作業をはじめとする経済活動も少しずつ動き始めるようになった。しかし殺戮と破壊が吹き荒れたあとの社会は疲弊し、人々の心は凍てついたままだった。

1　姿を消したＰＫＩ信奉者たち——犠牲者の数と政治犯

この虐殺によって、一体どのくらいの人が直接的な被害を受けたのだろう。命を落とした者、あるいは運良く命は長らえたものの、政治犯として身柄を拘束されるようになった者の数はどれほどだったのだろう。郷土史研究家のワヤン・レカンは、一二月最初の三日間だけでジェンブラナで約六〇〇〇人が殺されたという。一九六五年一二月一四日から一六日にかけてバリを視察したスラバヤ日本領事館の木村領事は、「ヌガラでは……二日～三日軍及び国民党一派は同地を包囲攻撃し軍の銃撃に始まり民衆による放火殺人行われ同村はほとんど壊滅状態で死傷七千名と伝えられる」と報告している（外交史料館文書A'0211「バリ島の排共運動について」木村領事から外相宛て一九六五年一二月一八日付）。領事の、一二月二日から三日にかけてジェンブラナだけで七〇〇〇名が殺されたとする推定は、ワヤン・レカンの算出した数字とも近い。

一方、アメリカ大使館から国務省に送られた電報によれば、一二月九日までに西バリの三〇〇〇人のインドネシア共産党（ＰＫＩ）党員が殺されたという（Mary Ida Bagus 2012: 215）。また公開されたアメリカ大使館から国務省宛ての一二月二一日付の電報（A-403）によれば、この段階でバリ全域での犠牲者は一万人と見積もられている（米国務省文書A-403 p.3）。

一九六五年一二月、北スマトラ、中ジャワ、東ジャワ、バリでの暴力の被害について調査するために、スカルノの命を受けて国務大臣ウイ・チュ・タット（Oei Tjoe Tat）ら五人の大臣、三人の政党代表、警察軍のスチプト（Soetjipto J）将軍から成る真実究明委員会（Komisi Pentjari Fakta）が設立され、バリでも被害状況の実地調査が行われた。バリでの調査にはバリ州警察本部長のイスモノ・イスマクン（Ismono Ismakun）

も同行して各地を回り、ジェンブラナではドースター県知事が対応した。どうやらこのとき、調査を受け入れたバリの治安当局ならびに行政側は、何とかして状況の激しさを覆い隠して繕い、平穏なイメージをつくりだすことに力を入れていたようである。ドースターは、次のように記している。

以前手りゅう弾の爆発があったイエ・エンバン村の村長に連絡して、本当に平和だという雰囲気を作り出すように、市場も再開し商店も開くように、道端では鶏が整然と列を作って歩くのが見えるように求めた。

私はスチプト将軍をタバナン県とジェンブラナ県の境のレ川(Yeh Leh)まで出迎えた。イエ・エンバンまで来ると、車から降りてもらって先日手りゅう弾攻撃を受けたアスティナ商店の破壊の跡などを見せた。市場の店も再開しており、鶏は平和にかけずりまわりもはや深刻な状態ではないことを見せた。

夕方には映画館ウィジャヤ劇場で夕方会合をもち、各村の村長やバンジャル長(klihan banjar dinas)、その他の長老たち、ウラマ、キリスト教の代表も臨席した。スカルノ大統領の使節スチプト将軍は、険悪だと言われていたバリの状況が、もはや安全だということを見て行った(Jelantik & Suarja 2007: 146-147)。

表3　被害者数に関する真相究明委員会の報告

	公式な報告	非公式な報告	チームによる推定
バリ全域	486人	36,000人	12,500人
ジェンブラナ	153人	10,000人	3,500人

出典：Jelantik & Suarja 2007: 147

同委員会は一九六六年一月二日に報告書を提出した。それは、一九六五年一二月から翌年一月までの間にバリで命を奪われた者の数を、①公式な報告、②非公式な報告、③チームによる推定、の三種類に分けて上記の表3のように報告している。

究明委員会のチームが来る前に、ドースター県知事は、管轄下の村々の村長に命じて村の被害状況、とりわけ犠牲者の数について報告させ、集計していたが、その数は四〇〇〇人であった。ウイ・チュ・タットの調査チームによって推定された三五〇〇人という数字と近い。しかし、仮にドースター県知事の側に、できるだけ被害を小さく見せようとする意図や誘導があったとすれば、実際の被害者数はもっと多かったと思われる。委員会の報告書の公的な数字は、全国の犠牲者数もわずか七万八〇〇〇人であり、これは実勢を反映していないことは多くの者がその当時も感じていた。一つにはこのドースター県知事のように、地元の責任者たちがなんとか平穏を繕おうとしたことによるのであろう。ウイ・チュ・タットらが、この報告を提出しに大統領宮殿を訪れたとき、たまたま駐キューバ大使のハナーフィが一時帰国してその場にいあわせた。彼によると、公式な数字は実勢よりずっと少なく、本当は被害者は全国で一〇〇万人にものぼると見積もられるということだったが、それを発表するとインドネシアの対外イメージが悪くなるという配慮から、小さな数字が報告されたのだという（Hanafi 1998: 113）。

ところでこの調査訪問のとき、ドースター県知事はスチプト将軍をテガル・バデン村にも案内した。インドネシア国民党（ＰＮＩ）支部長のスエラムがテガル・バデンとバルックで運営していた（殺害を恐れて避難していたＰＫＩシンパたちの）「キャンプ」にも案内した。そのあとギルマヌックに向かう車の中でスチプト将軍はドースター県知事に「あとで犠牲者の子どもたちから復讐はないのか？」と尋ねたという（Jelantik & Suarja 2007: 149）。

◆政治犯たち

殺害された者のほか、九・三〇事件に直接・間接に連座したとして、全国でおびただしい数の人が逮捕された。彼らは、インドネシア語で政治犯を意味するタハナン・ポリティック（tahanan politik）の略語でタポル（tapol）と呼ばれ、現在でもその言葉は特別な響きを持って使われている。政治犯の管理は陸軍の治安秩序回復司令部《コプカンティブ》に委ねられた。

政治犯は党の指導的な地位にあったものや九・三〇事件を計画した者、計画を幇助した者、あるいは計画を知りながら通報しなかった者、その実現のための活動に加担した者は、Ａ級としてくくられ、特別軍事法廷で裁かれた。一方、各地方での取り調べの過程で九・三〇事件との関係が明らかであるとされた者、事件に対して賛成の態度を示した者はB級とされたが、裁判を受けることなく未決のまま長期にわたって拘留された。直接・間接に事件に関与したのではないかと疑われる者、ＰＫＩおよびその傘下の大衆組織のメンバーであった者、この運動を意識的にそしてただちに批判しなかった者はC級とされ、多くは一、二年の拘留ののち、定期的に当局に出頭するなどの条件付きで釈放された。その多くは、村長がＰＫＩ党員だったので、自分もその活動に参加していたとか、人民青年団、婦人団体ゲルワニ、その他ＰＫＩ系の労働組合、農民組合、教員組合などの活動に参加していたなどという理由によるもので、膨大な数の人々がこのカテゴリーに入った。皮肉なことに無差別に殺害された住民の多くはこのカテゴリーの、比較的罪の軽い人たちであった。

全国の刑務所が満員であったために、政治犯自活用のキャンプなどがつくられたくらいであったが、バリでは多くが殺されてしまったので投獄された政治犯は少なく、刑務所に余裕があり、他の地域からの政治犯も引き受けて収容していたと、自身も投獄されていたギアニャルの音楽家ナタルから聞いた（ナタルとのインタビュー）。なかでも、囚人島と呼ばれた悪名高いモルッカ諸島のブル島へ送られたバリ人は一一人にとどまり、しかもその多くがバリ島外で逮捕されたものだったと記録されており（Ardhana & Wirawan 2012：385）、たとえばヌガラ出身のステジャ夫人の兄、アナック・アグン・スビクトもその一人だったと思われる。

ジェンブラナでは、虐殺が一段落したのち、軍隊が村々を訪れ、生き残ったＰＫＩ党員、ゲルワニやインドネシア農民戦線（ＢＴＩ）のメンバーの名簿を作成した。彼らは写真を撮られ、指紋を採取された。生き残ったＰＫＩ党員はほとんどがＣ級であったが、役人や私企業の職員などから成るＢ級もわずかにいた（Adnan: 37）。生き残った者たちは、投獄はされなかったが、ＰＮＩによって、道路工事、バライ・バンジャルの集会場建設などの労働力として動員された。建材は接収される前に彼らが自ら寄贈したものであった（Adnan: 38）。

ところでそのように、投獄されたものは比較的少なかったが、実は初期の頃にはいったん身柄を拘束されたが、そこから引き出されて殺されるものも多かったことはすでに述べた。そのような運命にあって、結局、命を落とすことになったバリの政治犯たちが、死を待つ不確かな運命のなかで口ずさんだ自作の歌が、その後もずっと元政治犯たちの間で歌い継がれてきた。二〇一五年八月にそのような歌六曲が「プリズン・ソング」として復元されてＣＤ化され、一般に公開された（*Tempo* 6 Sep. 2015: 72-73）。

六曲のうちの一つ「シ・ブユン」は、元ティモール島クパンの国営放送局長だった政治犯アミル（通称アチット）が、まだ妻の胎内にいた末っ子のことを思い作ったものであった。もちろん紙に記録されることはなかったが、同じ刑務所にいた仲間たちがそれを真似て口ずさみ、記憶に刻んだ。当時は家族に伝えるすべもなかったが、同じ獄に繋がれていた中に、もともと左翼系の合唱団で活躍していたナタルという歌手がいて、彼が釈放されてからこの歌を世に伝えた★2（ナタルとのインタビュー）。

もう一つの歌「ティニとヤンティ」は、ウダヤナ大学の講師であったサントサが処刑される前、自分の運命を感じ取って、娘ヤンティと妻のティニのために作り、刑務所の壁に書き残した歌である。これもナタルらが獄中で歌い継いだ（Taman 65 ならびにナタルとのインタビュー）。実はこのように政治犯たちが自作の歌を作り、仲間たちと一緒に歌って心を癒しあったというのはバリだけでなく各地でみられた現象のようであった。

2　変わりゆくバリの政治地図

◆ステジャの失脚

ジェンブラナの支配構造や政党活動にも大きな変化があった。バリのトップである州知事、そしてジェンブラナ県の県知事がともに政治の舞台から姿を消すことになったのである。ステジャ知事は自分の父親の王宮《プリ》が攻撃される前日の一九六五年一二月一日、スカルノに呼ばれてデンパサルを離れジャカルタに行っていた。したがってジェンブラナでの一連の襲撃の際にはバリにおらず、何も対抗手段を講じることができなかった。

ジャカルタに召喚された表向きの理由は、暫定国民協議会（MPRS）の総会（一二月三日）、ついで全国の州知事会議（同六日）に出席するためだったが（ステジャ夫人に対するジョン・ローサのインタビュー）、実際には彼をバリから引き離してジャカルタに留め置き、知事としての職務を実質的に誰か別の者に代行させようとする意図があった。ステジャは一二月一〇日にスカルノによってムルデカ宮殿に呼ばれ、「君の力がジャカルタで必要だ。三、四ヵ月ジャカルタにいなさい」と告げられた。スカルノは知事代理として、中ジャワ州の知事だったＰＮＩのモホタル（Mochtar）を任命しようとしたが、臨席していたスハルト将軍がこれに反対した。ＰＮＩの人間をわざわざジャワから送り込むということは、バリのＰＮＩリーダーの気持ちを損なうだろうというのが理由だった（Aju: 116）。スハルトは「この問題はペンディングにしてください、内務大臣と話しあわなければならないので」と述べ、スカルノの意中の者が登用されることを阻止した。

そのあとステジャは、内務大臣と話し合い、スグリワなる者を知事代理にしたいと提案したが、スグリワは大衆に支持基盤を持っておらず弱いと判断された。そこでバリのＰＮＩ支部長イ・グスティ・プトゥ・メルタ（I Gusti Putu Merta）の名前が浮上し、これが認められて一八日には知事代理に就任した。またイ・グスティ・グラ・ピデ（I Gusti Ngurah Pide）少将が副知事に任命された。スカルノの計らいにより、形式上「ステジャは依然としてバリの知事であり、ジャカルタで任務を遂行中」ということにされたため、メルタの地位はこの段階では知事代理であった。

その後、ステジャはいったんバリに戻ったとも言われるが、一二月二八日に正式にジャカルタへ召喚され、バリから来た妻子も合流し、スナヤンに住居を与えられて生活が始まった。★3

ところが、やがてジャカルタで三・一一政変が起こり、スカルノが治安回復の全権限をスハルトに移譲するという趣旨の命令書に署名させられて実権を失ったのちは、後ろ盾のなくなったステジャの身分は一挙に不安定なものになった。そして一九六六年七月二九日、ついに彼は家族の前から連れ去られ、永久に姿を消してしまう。息子のベニー・ステジャによれば、その日の朝、四人の軍人が日産のジープでむかえに来て、丁重に「テディ大尉の意向でムルデカ広場の軍司令部へお越し頂きたい」と求めたのである。ステジャはそれに従い、そして二度と帰ってくることはなかった。いつまで待っても戻ってこないステジャを案じ、家族が国軍に問い合わせたところ、テディ大尉などという人物は存在せず、そのような日産のジープも存在しないという回答であった。内務大臣に救いを求めるなどして消息を探したが、何の手がかりもえられなかった（ベニー・ステジャとのインタビュー）。結局、今日に至るまでステジャは消息不明のままで、いずこかで命を落としたものと考えられ、その後二〇〇六年にガベンと呼ばれる火葬による葬儀も行われた。

◆ジェンブラナ県知事の交代

ＰＫＩ関係者の一掃が一段落すると、国軍は自分たちの思い通りにならない政治家や行政官の排除に乗り出した。ジェンブラナでは、ドースター県知事も簡単に退けられてしまった。一連の社会変動ののち、一九六七年に後任の県知事としてジェンブラナ地区の国軍の最高責任者であったＤ中隊長のサフロニ中尉が任命されたのであるが、これは明らかに国軍優位を決定づけるものだった。狂気的な殺戮の嵐が荒れ狂っていた時期から、ドースター県知事はこの地域の国軍の最高責任者であるサフロニ中隊長と波長が合わず、彼の前では無力感や屈辱を味わわされることもしばしばだった。サフロニ中隊長に「誰も彼もすべての人間を一般化してＰＫＩだと決めつけるのはやめろ」と自重を促したが無駄であったと述べ（Jelantik & Suarja 2007: 140）、彼は次のように証言している。

サフロニ中尉が率いるＤ中隊の治安維持のための活動は段々激しさを増してきた。目立ってきた。村々を回って行うパトロールは効果を発揮した。各村に置かれた警備詰所はよく整備されていた。ただ、彼らは、田畑で朝から晩まで汗を流して働いたあと人々がぼけっとしていたり、居眠りしているとそれに対して下された罰はとても厳しすぎた。

その結果村に心理的な恐怖を呼び起こした。「直接的にであれ、間接的にであれ九・三〇に関係している」と言われればその影響は致命的だった（Jelantik & Suarja 2007: 152）。

ドースター県知事は、中央政府によって県知事職を軍人に渡すという基本方針が取られていることを察し、辞任して再選を望まないと決めていた。そのような時期、サフロニはドースターの前で、後任の県知事になりたいのだと明言したという。サフロニはすでに村々をまわって、県知事に推すという署名を村長たちから集めていた。ドースターはサフロニが農村部での工作によって県議会で県知事としての指名を獲得したのだと考え、これをサフロニの「マヌーバー(巧妙なやり口)」だとしている(Jelantik & Suarja 2007: 154)。

このように、県知事から村長にいたるまで各地の地方行政を軍人が掌握していき、権力の構図はすっかり入れ替わった。もちろんPKI系の村長や村役人はすべて入れ替えられた。一つの村や区の中で、ムスリムとヒンドゥー教徒が別個の統治者の下に置かれていた地域では、それまでの行政を改めて一本化し、一つの組織の中に統合することになった。なお、サフロニは二年ほど県知事を勤めただけで退き、その後任には一九六九年から、プニャリンガン村出身で、ウェダストラ・スヤサの従弟シルヤ(Sirya)が就任した。

◆PNIの分裂、そして衰退

当初PKI関係者に対してのみ向けられていたハラスメントは、やがて状況が一段落してくると、新しく権力を確立したスハルト政権側の意向を受けて、他のセクターの有力者にも向けられるようになった。その一つが共産主義者の一掃に「功績」のあったPNIの人々に対する攻撃である。PNIの中央は九・三〇事件以前から、スカルノに近い左派のアス派と、反対する右派のオサマリキ派に分かれていたが、その対立は一九六六年三月頃には決定的になってきた。そして一九六六年三月一一日の政変以降スカルノが徐々に権力を失い、最終的に大統領としての権限もはく奪される事態（一九六七年三月）に至ると、九・三〇事件におけるスカルノの責任をどう捉えるか、つまりスカルノは事件に関与していたとみなすのか否かをめぐって、両派の間に決定的な溝ができ、最終的にスカルノ派のPNIの政治家が排除されるようになっていった。党のバリ支部長で、ステジャの後任として新知事に任命されていたメルタや、ジェンブラナ出身の副支部長ウェダストラ・スヤサ、さらに学生団体GMNIは親スカルノ派、一方、マンティック州議会議長は反スカルノ派だった。マンティックは一九五九年に議会で最大の支持を受けながら、スカルノが鶴の一声でステジャを選んだため州知事に就任できなかったことで、長らく不満をいだいていたものと思われる。立場は一転して、やがて親スカルノ派は、ことあるごとに巧みに政治の舞台から排除されていくことになる。

それが決定的となったのは、一九六七年一月に、親スハルトの学生行動戦線（KAMI）がデンパサルのウダヤナ大学を訪れた際、警備にあたっていたPNI系の学生組織GMNIのメンバーが持っていた手りゅう弾が爆発し、建物の一部を破壊するという事件だった。GMNIはその責任を問われ、指導者たちは投獄されるとともに、メルタ知事も責任を問われてその年の一一月に失脚し、バリの政治の舞台から姿を消した（Lane 2010: 97）。

また、パンフレットを作成したり、あるいは詩歌を通じてスカルノ支持を表明し続けていたウェダストラは、一九六七年三月四日に治安秩序回復司令部《コプカンティブ》に呼び出され、パンフレットについて説明を求められたのち無期（結果的には三四日後に解除された：筆者注）の自宅軟禁となり、その活動に終止が打たれた（Lane 2010: 98）。ＰＮＩデンパサル支部は、「事件へのスカルノの関与をめぐる論議にはかかわらない。ＰＮＩ自身は事件に何も関与していない」と宣言し、マンティックはＰＮＩに国軍に全面的に協力するように促した。そして、「バリの人民を分裂させた」として議会のＰＮＩ会派の長であったハルディ（Hardi）に反対するキャンペーンを強化し、やがて彼をそのポストからを罷免した（Lane 2010: 98）。

ガルーダ・パンチャシラ

ジェンブラナでは、虐殺によってＰＫＩが一掃されたのち、ＰＮＩがＰＫＩ関係者から接収した建材を使い、また彼らを労働力にして村々の十字路に党のシンボルマークであるバンテン（野牛）のレリーフをつけた塔をたてるなどして、村々で勢力を誇示していたが、やがて軍が、バンテンのレリーフをスハルト新体制の基本的イデオロギーをモチーフにし、現在もインドネシアの国章となっている「ガルーダ・パンチャシラ（Garuda Pancasila）」に変えるよう命じ、ＰＮＩの勢力を骨抜きにしていった（Adnan 37）。ＰＮＩの勢力衰退を示すシンボリックな出来事である。★4

ＰＮＩのスカルノ派による抵抗は根強く続き、ＰＮＩに対するスハルト政権の露骨なハラスメントの例として、ジェンブラナのケースではないが、シンガラジャでは次のようなことも耳にした。

バレ・アグン村出身でスカルノの母方の一族であったマデ・ハルディカは、熱烈なスカルノ主義者で、九・三〇事件が発生した時には東ジャワのジェンベルの大学で学んでおり、GMNIの活動家でもあった。事件の直後、故郷に戻り、PKIを一掃するために国軍に協力したが、徐々にハラスメントを受け、不利な立場に追いやられるようになった。最後は国軍が、殺害をのがれたPKIの生き残りを見つけ出し、それを手先に使って嫌がらせをしてきたという。国軍はPKIの憎しみや恐怖心を利用して、「PNIに復讐しないか?」とそそのかし、彼らをPNI左派討伐に駆り立てたのである。九・三〇事件直後の虐殺の際、マデ・ハルディカが見逃してやった、同じ村の元PKI関係者が国軍に命令されて彼の家まで探しに来て、出頭するように脅したという。別の機会には、投石されて家の屋根が破壊されたほか、交通事故に見せかけて殺されそうにもなったこともあるという(同氏とのインタビュー)。

中央政界では、スカルノが一九六七年三月に暫定国民協議会(MPRS)で大統領のポストを奪われると、スハルトが大統領代行となり、翌年には第二代大統領に就任した。スハルトが完全に権力を掌握したのちまず着手したことは、イデオロギーや綱領を無視して既存の諸政党を整理統合し、既存の政党はすべて解散させて二つの政党にまとめることだった。NUなどのイスラーム関係の諸政党・組織を開発統一党(Partai Persatuan Pembangunan:PPP)として合併し、PNIやキリスト教系政党はインドネシア民主党(Partai Demokrasi Indonesia:PDI)という新しい党に組み込むというものであった。この合併によって他の政治勢力の威力を削ぎ、骨抜きにすることを狙ったのである。

この政党再編プログラムは徐々に進められたが、一九七一年の総選挙を経て、一九七二年には強制的に実現に移された。スハルトは、この二つの政党とは別にゴルカルという巨大な職能グループを結成し、これを自らの権力基盤とした。

3 疲弊した社会

◆麻痺した経済活動

何ヵ月にもわたって続いた、すさまじい殺戮や放火、破壊、略奪は、その直接的な被害者だけでなく、社会全体を疲弊させた。生産活動は麻痺し、市場や商店から商品が姿を消し、経済活動はほとんどまわらなくなってしまった。事件当時はちょうど稲の収穫が終わったばかりで、村の農家の穀倉にはたくさんの籾が貯蔵されていたが、その多くが略奪されてしまったため、運よく命を奪われなかった村人たちも飢えに苦しんだ。もともとバリは農業社会で稲作は盛んであったが、高い人口密度のため、供給されるコメの量は不足しがちで、絶えず島外からの輸入に頼っていた。

しかも虐殺事件による混乱のさなか、コメは全く入ってこなくなった。ジェンブラナでも、それまで依存していた隣県のタバナンや、ジャワからも入ってこなくなった。ＰＫＩ関係者の穀倉や店舗を襲い、米を略奪していたアルゴジョたちでさえ、厳しい食糧不足に見舞われた。国軍の庇護下でさえ、コメ不足に見舞われ空腹に悩んだのである。イスラーム組織ＮＵの青年団アンソールのリーダー、アドナンはコメがなかなか手に入らないため、やっとのことでガプレ（干したキャッサバ）を入手して、犠牲者を埋葬する墓穴を掘る作業をしていた仲間に食べさせることができたと語っている。またアドナンが、ヌガラの目抜き通りにあるラハユ商店の華人の店主にコメが手に入らないのだと愚痴ると[★5]、彼は一キンタル（五〇キロ前後）を無料でくれたという（Adnan 31）。無論それでは焼け石に水であったので、アンソールのメンバーたちは、サフロニ中隊長の勧めで、海峡を越えてバニュワンギまで買い付けに行くことにし、県政府の高官から、バニュワンギ県知事あての手紙と二〇〇万ルピアの資金をもらってトラックででかけた。まだ虐殺が吹き荒れている最中のことであった。アドナンはその時のことをこう記している。

> バニュワンギに着いて県庁へ行くと、県知事は外出中で一五時になっても会えなかった。しかたなくその夜は兄のハサ・ソリヒン（Hasa Solihin）の家に泊まった。翌日行くと一三時に会えたが、東ジャワ州知事に聞かねばならないということだった。しかたなく手ぶらで帰って来た。あとで聞いたところによるとバニュワンギ県知事はＰＫＩシンパだったという。港でわれわれのトラックは警察に調べられた。多分知事の命令だったのだろう（Adnan 31-32）。

◆バリ社会に生じたひずみ——教師不足

肉体的な殺戮は暴力のごく一部でしかない。実は命を奪った以外にも、一連の事態は社会の様々な部分にひずみを生みだしていた。働き盛りの男性が数多く奪われた村落社会では、農業の生産活動に支障が出たし、官庁事業所を初めとして様々な分野の職場から多くの職員が排除された。その最たるものは、教育機関、とりわけ初等教育の現場である。ジェンブラナのPKI支部長アグン・デニアがそうであったように、当時のバリの主たるインテレクチュアルは、役人か教師になる道を選んだ。そして教師の多くはPKI系の教員組合に入っていたため、逮捕されたり殺されたりして、学校によっては教師の八割、九割が姿を消すという現象がみられた。

九・三〇事件後ほぼ半年間閉鎖状態が続いたのちに小中学校が再開されたとき子供たちを驚かせたのは、先生たちが「いなくなった」という光景だったという証言にしばしば出会った。一人だけ残った先生が、すべての学年の子供たちを見なくてはならなくなった学校もあった。そして二部授業はもちろんのこと場合によっては生徒の登校は隔日になったというのである。

そこで文部当局が考え出したのは、短期間の教育を施して促成の教員を養成することだった。当時は、通常は中学を出てから教員養成系の専門学校に三年間通いようやく教員免許が取れるのだったが、この時は数ヵ月の講習だけですぐに教壇に立たせたのだった。ジェンブラナ県ペクタタン郡のある小学校で、この促成教員(グル・キラット)になったメドラは、次のような経緯で採用された。一九五〇年生まれの彼は、その当時の村人の中では珍しく中学校まで進んだ。村内どころか、同じ郡内にも中学校はなかったので、下宿して隣のムンドヨ郡の中学に進んだ。一九六五年に卒業の予定だったが、まだ卒業試験を受けないうちに九・三〇事件が起こったため、学校は一時閉鎖になり、卒業は数ヵ月遅れた。卒業後、県庁所在地に近い町で促成教員になるための講習を受けるよう勧められ、それを終えたのちバリ島北部のシンガラジャにあった師範学校に行って修了試験を受け、故郷の村の、生徒数一〇〇人弱の小学校に配属された。辞令には「教員」とは明記されず、「教育担当の職員」という奇妙なステータスが書かれていた。元からの教員はすでに多くが姿を消していたため、彼は正規の資格もないのに最初からクラス担任になり、ほかに三人いた通常の教員とおなじ責務を果たした。この学校では促成教員は彼だけだったが、村内でもう一校だけあった小学校でも促成教員が配属された。その学校では以前八人いた教師のうち生き残ったのは校長一人だけだった。その後も引き続き何度か追加の講習会があり、受講が義務づけられ、一九六八年にはようやく通常の教員とおなじ免許が与えられ、その後もずっと定年まで教員を続けた(メドラとのインタビュー)。

教師不足がすさまじかったことは、ＰＫＩ党員であった父を殺されたバルック村のチェトッグ(Cerog)でさえ、教員養成所で一年学んだだけで教師に登用されたという事実からも良くわかる。もちろん身辺調査があり、いろいろな書類を書かされはしたが、父に関しては一九六三年に病死したことにし、村長もそのように証明してくれた。「それほど教師は不足していた」と彼は言うのである(同氏とのインタビュー)。

正規の教育を受けた教員によって完全に補充され、ノーマルな教育環境に戻るまで何年かかったのかはわからない。いずれにしても人材育成にとっては多大な損失を与えたことに違いない。

註

★1――殺戮がいつ頃おさまったのかについては記録がない。しかし、自らもその時代を生きていた郷土史家ワヤン・レカン氏が、その手記の副題を「PKI一掃 一九六五年一月三〇日から一九六六年五月まで」としていることから、おそらく五月ごろには下火になったものと思われる。ちょうど半年にわたる惨劇であった。

★2――のちに彼の意を受けて日本人研究者の松野明久らがアミルの息子を探し出し、「お父さんの遺言だよ」と伝えたという逸話がある(松野明久氏談)。

★3――斎藤大使は公電で、「二八日付大統領決定をもってステジャ・バリ省(ママ)知事(目下ジャカルタに滞在中)を、配置転換のためジャカルタに召喚することを決め……」と述べている(「ステジャ、バリ省知事(ママ)の召喚」一九六五年一二月二七日付)。

★4――NUもPNIと似たような運命をたどることになった。政党合併により力を削がれただけでなく、スハルト政権はイスラームが政治勢力として強化されることを恐れ、様々な面で締め付けを厳しくしていった。

★5――上品な表現をするとそういうことになるのかもしれないが、多くの場合、政治的に弱い立場にあった華人たちは、そのように「脅されて」物品を提供した。

第9章　和解への道を模索して

1　引き裂かれたコミュニティ

この事件は、被害に遭った集団、家族、個人にとって、突然襲ってきた、身に覚えのない「災害」以外の何ものでもなかった。被害に遭った「共産主義者」たちは、ジャカルタで起こった将軍の殺害に何の関係もないし、何も知りはしない。勝利者たちがいうようにたとえあのクーデター未遂事件の首謀者が、インドネシア共産党（ＰＫＩ）だったのだとしても、その後殺された人たちの九九パーセントはクーデターに全くかかわりを持たず、知らされてもいない一般党員や単なるシンパであった。彼らはなぜ自分たちがそのような目に遭うのか、理屈もわからないままに殺され、あるいは自由を奪われた。

一連の殺害行為や逮捕、そして職場からのパージなどに終止符が打たれたのち、村々ではおそるおそる新たな生活が始動したが、住民の心に刻みこまれた社会的亀裂、憎悪、恐怖、そしてトラウマは簡単には払拭されなかった。同じ空間に住み、同じ寺院《プラ》を祀る住民同士や、同じ学校の同級生同士、場合によっては親族同士が殺しあう状況すらあったことから、心の傷はいっそう大きく、その後の憎しみも深いものとなっただろう。逃げ場所のない貧しい農民たちは、故郷の土地を離れることもできず、愛する家族の命を奪った人たちが堂々と生き続けている姿を身近に見ながら、同じ「コミュニティ(共同体)」のなかで息を潜めて生活し続けるしかなかった。単に父母を、兄弟を殺された、奪われたという哀しみだけでなく、勝利者によって作られた歴史の語りゆえに、共産主義者の一族というレッテルを貼られて悪者とされ、以前と同じように暮らすことは難しくなっていった。

引き裂かれたのはコミュニティだけではない。親族集団も分裂し、そこからはじき出された成員も多い。そもそもPKI信奉者の家族とインドネシア国民党(PNI)信奉者の家族のあいだで、きちんと線引きがなされていたわけではない。事件以前は共に合法政党であり、どちらを応援しようとも国家を裏切る行為ではなかった。カーストや階級と支持政党との間に、ある程度の相関関係はあったにせよ、個々人の政治的選択は、人生の様々な段階と様々な場において、それぞれに異なる出会いや体験により決められていくものであり、同じカーストに属する親と子が、あるいは兄と弟が違う政党を支持することもしばしばあったのである。

バリの場合の線引きは、ムスリムかノン・ムスリムか、人種的に中国系かプリブミ(Pribumi:土地の子)

かといった区分などのように、ある程度固定的な区分とは異なる流動的なものであった。まして、多くの人々は本当に党の綱領を理解して入党したのではなく、時には就職、経済的理由、あるいは自分の親分（村の指導者、職場の上司など）がどちらについているかといったファクターに左右され、詳細な主義主張を知らないまま信奉者になっていた。もちろん相対的にPKIが強いバンジャルもあれば、反対にPNIが根を張っているバンジャルもある、というように、それぞれコミュニティごとにイデオロギー的な傾向はあったであろう。しかし多くの地域では、一族の内部にも「敵」と「味方」が入り混じっていたのである。結果的に、親族であるがゆえに命を懸けて匿ったケースがある一方、親族の手で「始末する」ことさえあったのである。

事件が収まってもコミュニティ内での複雑な関係は続いた。身近な人々の内部での対立は、一定の了解の下、相互扶助とハーモニーを原則として成り立っていたはずのコミュニティをズタズタに引き裂いてしまった。九・三〇事件前の政治的緊張ですでに軋んでいたコミュニティは、修復不可能なまでに分断されてしまった。

本書で筆者がいうコミュニティとは、多元的集団性をもったバンジャルの総体を指している。植民地時代のオランダの慣習法研究者たちは、バリのバンジャルを、平等で調和的で自律的な共同体、すなわち「村落共和国（dorpsrepubliek）」だとして理想化した。これはオランダが作り出したイメージであるという批判が、後世の研究者たちから提示されていることにはすでに触れたとおりである。ウォレンは、バリの村落は同質的でもなければ、固く統合されたものでもなく、強固なまとまりをもったものでもない、としてオランダが作ったイメージを否定している。社会的・経済的には階層化されていて完全に平等ではないし、また時としてたとえばパトロン・クライアント的な垂直的な力関係がバンジャル内に入ってきてその平等の原理を危うくすることもあるという(Warren 1991: 214, 227)。

バンジャルのすべての成員は、サンケパンとよばれる集会に出席し、バンジャルが執り行う儀礼に参加することが義務とされている。一方、バンジャルから割り当てられた居住地(karang desa)に住む権利と、バンジャルの墓地に葬られる権利を与えられており、この二つはそこに生きる者にとっては致命的に重要なことである。バンジャルの掟を犯すと二つの権利が奪われる。それはコミュニティからの追放を意味し、「社会的な死」つまり自らの存在を否定されることに等しいといわれる。

では九・三〇事件の犠牲者たちは、バンジャルからどのように扱われたのであろうか。バンジャルの成員がもっぱら反PKI系の人々であった場合には被害者は少数派だっただろう。逆にPKIの巣窟といわれたような地域であれば、排除された被害者が多数派になり、その後のコミュニティは運営すら難しかったであろう。亡くなった者が生前アダットに対して不義を働いていた場合などには、共同体による葬儀をやってもらえないなどのしかるべき制裁があった。しかし一九六五〜六六年の犠牲者は「神々を汚した共産主義者」というレッテルを貼られてはいるものの「不義」を犯したと見なされて、バンジャルの制裁の対象となったということは耳にしたことがない。おそらく、それまでのバンジャルの戒律の中では、このような政治的な理由により大量の成員が不慮の死を迎えるという事態は想定されていなかったのであろう。

ただし、バンジャルから正規の制裁や追放はなかったかもしれないが、勝者たちが中心になって運営される共同体の日常的な人間関係から疎外される、差別されるということは現実にしばしばあったようである。犠牲者の遺族は、穢れた存在、コミュニティの調和を破壊した張本人として糾弾され、小さくなって黙々とハラスメントを甘んじて受け入れるほかなかった。同じ空間に住んでいても儀礼や協同作業への参加が拒絶されることもあった。

メアリ・イダ・バグスは、そのような社会的制裁から抜け出して、コミュニティに再統合されることは、勝利者の側にいる者たちが、ある種の保護を提供してくれることによって可能だった場合があったという。たとえばＰＫＩ関係者の未亡人は、ＰＮＩ側の男性と再婚することによって、それが可能だった。未亡人となった兄嫁をＰＮＩの義弟が妻に迎え入れ、それによりその「はみ出した」一家を救済することもあったという (Ida Bagus 2012: 221, 232)。

コミュニティの中にとどまっていること自体が大きなストレスとなり、立ち去りたいが他に行き場のなかった人々にとって、一つの「救い」は、国家の保証のもとにバリを離れることだった。一九七九年に政府がもちかけてきたスラウェシへの集団的国内移住は、それを断ち切ってやり直すための良い機会と考えられた。多くがこうして村を離れ国内移住したが、これらはある種の島流しであったとメアリ・

イダ・バグスは述べている(Ida Bagus 2012: 223)。

プニャリンガン村の中核部隊《パスカン・インティ》のメンバーとして活躍し、のちに長く村長を務めたイ・ワヤン・スエンデンの義弟(妻の弟)もその一人だった。彼の妻の父は、ＰＫＩの巣窟であった隣のテガル・チャンクリン村の領域内に農園をもっていたため、便宜上ＰＫＩに入党しており、そのため事件当時は三年間にわたり身を隠さねばならなかったが、プニャリンガン村長が親戚だったためようやく命は助かった。しかしその後、当局への定期的な報告義務が課されたことから、その息子もきっと肩身が狭かったのであろう。一九七九年のプログラムでスラウェシへ移住した。移住に際しては、政治的な過去が厳密に問われることはなかったが、あえて自分のバンジャルからではなく、他のバンジャルを通じて申し込んだ。移住先では、バリでの家族背景を問われず、その地の地方議会(ＤＰＲＤ)議員になった者すらいるという(スウェンデンとのインタビュー)。移住したのは元ＰＫＩ関係者ばかりではなく、テガル・バデン村のムスリム・リーダーアスムニも、村長の職を辞任してこれに参加し、スラウェシで余生を送った。

九・三〇事件後のバリの社会では、政治的過去を連想させると思われるある種の生活慣習が、故意に捨て去られることがあった。バンジャルの中には、スカと言われた様々な同好者の集まりがあり、たとえばジェンブラナを代表する伝統音楽ジェゴックのグループなどもそうであった。このような文化活動にはＰＫＩ系の文化団体レクラがテコ入れをしていることが多かったため悲劇が起こった。ヌガラの東方にある、ダンギン・トゥカッド・アヤ村のあるジェゴック奏者は、次のように語る。

われわれのバンジャルのリーダーはPKIだったので殺された。そしてそののち、われわれのジェゴックのセットが収納してある建物ごと焼かれてしまった。そのあとしばらくの間、恐ろしくて誰もジェゴックを演奏しなかった。楽器が焼かれてしまってそう簡単に作りなおすことができなかったこともあるが、まずメンバーにPKI信奉者が多かったので彼らは全部抜けてしまった。それで楽団は解散し、共産主義を想起させるということで演奏はストップすることになった（バグス・タントラとのインタビュー）。

ジャワの村でも同じようにガムラン演奏やクトプラの公演などがPKIと結びつけられ、事件後、それらの活動は下火になったが、レクラがこうした芸能の振興に力を入れていたことと無関係ではない。ジャワの場合、そのような芸能は、イスラームの信仰が純粋でない「アバンガン」の人たちが好んで演奏するものと見なされていた。そしてアバンガンはPKIと結びつけられる傾向があったため、その芸能から遠ざかるという現象が見られた。バリでは必ずしもそのような図式はあてはまらないと思われるが、現実にジェゴックの演奏者の多くがレクラのメンバーであったため、これらの芸能そのものが共産主義的であるかのように誤解されたのであろう。★1

バリの人々は、今も深いトラウマを抱えている。一九六五年の記憶と相俟って、人々のトラウマを刺激する様々な場所や光景がある。ある被害者が、郡や役場の前を通るとき、制服を着た人を目にしたとき、靴の音を聞いたとき、無蓋のトラックを目撃した時、警備隊のメンバーが刀を腰に下げているのを見た時など、突然記憶がフラッシュバックしてトラウマに襲われるという話もある(Santikarma 2004: 3)。その名を聞いただけで被害者の遺族が戦慄にとらわれるというアルゴジョもいる。殺害者の仲間も、また犠牲者の家族も、誰を連行し殺したのは、どこの誰かわかっていて、名前も覚えていることが多い。中でも、もっともしばしば人々の口の端に昇るのは、ミスカルという軍曹であった。彼の名はアルゴジョを示すシンボリックな存在になっている。人々の記憶の中で「割り当てを取りにくる(ambil jatah)」、つまり犠牲者を連行しに来るとき、トラックを運転しているのはジャワ人ムスリムのミスカル軍曹だったというのである。ミスカルの車が村に入ってくるとき、人々は自分の家の前に止まりはしないかと息をひそめて待つ、その苦しさは心理的拷問だったと述べている。ミスカルは残虐で、捕らえられた者に好んで苦痛を与えたということで、虐殺が終わってまもなく一九六七年に病死した時、人々がみなこの死をカルマ(karma)と結びつけたことは、先に触れたとおりである(Ida Bagus 2012: 217-218)。

このようなすさまじい亀裂や、憤怒、不安をもたらした村落の生活が、「平常」を取り戻すには長い時間を要した。おそらく現在でも「平常」にはもどっていないのであろう。事件を知る世代がすべてこの世から姿を消し完全に忘れ去られてしまうまで、トラウマは続いていくのだと思う。

2　孫・子の代までも差別を受けた遺族たち

PKI信奉者の遺族が被った被害は、コミュニティ内部での人間関係だけではない。国家によっても法的に規制され、まともな人間として受け入れられないという大きな差別が待ち構えていた。たとえば身分証明書（KTP）にはET（ex-tapol　元政治犯の意）というコードがつけられ誰が見てもすぐわかるようになっていた。さらに一九九一年の内務大臣決定で、一般には六〇歳以上の者に対して発行される生涯有効な身分証明書を元政治犯には発行しないという規定も設けられた。さらに、転居の自由も大きく制限され、村長に転居の伺いを立てるたびに拒否される者もあった。様々な社会福祉を享受する機会も排除された。

そして差別は、元政治犯本人のみならず、その子や孫までにも及ぶことになった。一九八一年の内務大臣指令三二号により、直系親族は「ブルシ・リンクンガン（bersih lingkungan　直訳すると、身辺が清潔でないの意）」ではないとみなされ、様々な制約が課された。たとえば宗教関係の聖職者、ジャーナリスト、教師、公務員、軍人、警察官、隣組長、町内会長、ダラン（ジャワの影絵芝居の人形使い）など、社会的に影響力を持つ仕事や地位に就くことが禁止され、そういった職業に就くためには身上調査に合格しなければならなかった。コミュニティ内での苦痛に耐えて成長し、外の世界へ踏み出して新たな人生を模索しようとする被害者の子供たちに、このような足枷《あしかせ》が課されたのである。

このような制約は事件直後から始まっていたのであるが、一九八一年に後付けで法制化されたのは、一九七〇年代末に国際社会の圧力を受けて多くのB級政治犯が釈放されて社会に戻ってきたため、彼らがふたたび息を吹き返すことが無いよう、力を削いだのだと思われる。

当局は、村や郡の役場に、元政治犯に関する「サンプルD」という詳細なデータを持っており、これは表紙が濃い黄色であったためしばしば「黄色い本(buku kuning)」とも呼ばれた。村役場はこれに基づいて監視体制や差別的な姿勢を維持した。

このような差別を避けるために多くの遺児がしばしば、「周辺が清潔な《ブルシ》」PNI系の親戚に引き取られ養子になった。そのために母親とも、他の兄弟とも縁を切って、出自の事は全く口に出さないで成人した者も多い。

現職の公務員、国軍、警察などについては、一九八一年の法令が出てから改めて現職の職員たちの身辺調査が実施された。なかには、それまで運よく身上調査をすり抜けて就職していた者もいたが、密告などによって再チェックされ、職を失う者も少なからずいた。警察官としてロンボックで勤務していたバルック村のある男性は、「スクリーニング」とよばれる査問に呼び出された一人である。彼は小学校四年生のときに父を殺されたが、彼のKTPにはなぜかETの印がつけられていなかったので、一九七八年の採用時にはPKI信奉者の子供だということは全く問題にされず、運よく警察官に登用されていた。バリで訓練を受けたのちロンボックに配属になり、勤務して二年後（ちょうど一九八一年の内務大臣指令三二号が制定されたときにあたる）に密告のブラックメールが届けられた。インドネシアでは密告の手紙を「缶に入れられた手紙」を意味するスラット・カレン（surat kaleng）と呼ぶ。彼はこのように語った。

私は上官に呼び出されて査問を受け、釈明のためにバリから兄と元村長がロンボックまで来ました。密告したのは同じデサ出身の先輩の警察官だったのです。彼自身偽の卒業証書を使ったことで訴えられたことがありました。私が事件当時まだ子供だったことなどを説明して、その時は何とか事なきを得ました。でもその人物はその後さらに二回スラット・カレンを送ってきました。彼は最後には病気になったり、奥さんと離婚したり、あまり良い運命ではありませんでした。罰があたった（hukum karma）のでしょう（テガとのインタビュー）。

この男性のように運良くスラット・カレンをくぐり抜けた人もいる反面、もっと多くの人々がそのために職を失った。子供や孫の就職まで制限するこの理不尽な規則に納得できず、ひそかに規則をまげて犠牲者の遺族に、九・三〇事件とは無関係（tidak terlibat）だという証明書を出した役人もいた。一九七〇年代にヌガラ市街地のバンジャル・トゥンガ区の区長になったイ・グスティ・アグン・プトゥ・アノムは、そのような一人であった。彼は、次のように語った。

いくら私が「事件と無関係」という証明書を出しても、それは上級の行政単位である、郡役場でまた審査されるので、そこでひっくり返ることもたびたびありました。私は六回も上から呼び出されて尋問されましたよ（アノムとのインタビュー）。

ウォレンは、連帯を重んじるバンジャルにおいて、行政を司るバンジャルの長（klian banjar dinas）が、犠牲者の子供たちまでが差別を受けるのは不公平だという判断から、目をつむり、父親とＰＫＩとの関係を隠して「事件と無関係」であるという証明を出したケースを報告している。その彼の行為は同じバンジャルの人間によって政府に密告されたが、その密告を批判的に見る者も多く、そのときはたまたま地方政府からは何の咎めも無かったという。一方、バンジャル内で慣習にまつわる対立があった場合、バンジャル長が、自分と対立する相手に、ＰＫＩとの無関係証明書の発行を手控える形でいやがらせをしたケースもいくつかあった（Warren 1993: 110-111）。

バリの場合は、バンジャルの力が比較的強かったためか、ＰＫＩ関係者の遺族がそれによって守られ、ジャワでは見られない体験をしているケースもある。メアリ・イダ・バグスは、ＰＫＩのある遺族が、貧しく、十分な教育を受けられないままに育ったが、成人してから一族の儀礼を司るようになって僧侶として名をあげたケースを紹介している（Ida Bagus 2012: 224-225）。一九八一年の法令では「周辺が清潔《ブルシ》ではない」者たちは聖職者にはなれないことになっているが、これはおそらく、イスラーム教やキリスト教のことを念頭においていたのだろう。バリでは、聖職者階級のカーストに生まれ、イダ・バグスという名を冠している者だけが儀礼を司ることができる。逆にその家柄でない者はたとえ世俗の権力を持っていても僧侶にはなれない。慣習が国家の法令よりも強いことがありえたのである。

同じように筆者はジェンブラナ県で「身辺が清潔《ブルシ》でない」被害者の息子がバンジャルの慣習リーダーであるクリアン・アダット(klian adat)に取り立てられたケースも見ている(スディヤナとのインタビュー)。バンジャルは、集落単位としてはドゥスン(dusun)にほぼ相当するわけで、本来、ＰＫＩ関係者の子孫が就いてはいけない職務である。しかしバリにおけるバンジャルは、純粋に文化的・慣習的・儀礼的な単位としての側面を持っており、その代表たるクリアン・アダットの選出には、外界からの政治的基準は自動的には適応されないと考えられたのかもしれない。とはいえ社会的指導者であることには違いなく、それを容認するコミュニティの底力を感じる。つまりバリ特有の現象なのであろう。

3　こころの修復——スハルト政権の崩壊と和解への模索

一九九八年五月、それまで三二年間不動の独裁体制を堅持してきたスハルト政権が民主化を求める国

ハビビ第3代大統領

民的な運動によって崩壊し、副大統領だったハビビが憲法に則って大統領職についた。彼はただちに、それまでまだ残っていた九・三〇事件関係の政治犯を釈放した。また人々が公的な場において一九六五年の事件を口にすることが許されるようになり、虐殺の歴史を発掘し、活字にする歴史学者やジャーナリストの活動が許されるようになった。これによって犠牲者たちの名誉回復にむけた動きが始まるかと期待されたが、やがてこれは大きな壁に突き当たった。

一九九八年の政権交代は、スハルト政権が崩壊したとはいえ、「革命」の場合と違って官僚機構や治安機構に至るまで人材が完全に入れ替わるわけではなく、政界のトップがただ上着を取り換えて登場しただけの変化であった。軍や官僚機構の上層部にいる人々は、スハルト時代の、権威主義体制を支えたパンチャシラ教育と呼ばれる独特の政治・道徳教育を通じて出世の階段を上りつめた人たちであり、彼らの思考形態、価値観はスハルト時代と少しも変わっていなかった。一部の人権運動家や犠牲者の遺族たちが、歴史を正そうと声をあげたが、それらを国をあげて支援するような空気はあまりないどころか、実際には様々な障害に突き当たっている。

ハビビの暫定大統領期ののち、総選挙を経た一九九九年、民主化勢力を代表して第四代大統領に就任したイスラーム組織NUのアブドゥルラフマン・ワヒド（通称グス・ドゥル）が、虐殺へのNUの関与を認めて謝罪する方向を模索し、犠牲者の遺族たちに希望を与えたことがあった。グス・ドゥルは、そのためにはまず事実関係を調査しなければならないとして、真相究明のためシャリカット（Syarikat）という名の調査グループを、自分が率いるNUの外郭団体として設立した。

また学校教育における歴史教科書を見直そうという動きがあらわれ、そのために設けられた委員会では、二つの変更が検討された。一つはそれまで公の場で使われていたこの事件の正式名称「PKIによる九月三〇日運動（G30S／PKI）」からPKIの文字を削除すること。もう一つは、この事件の解釈には複数あるという記述を掲載することだった。さらにグス・ドゥルは、共産主義そのものの禁止を定めた一九六六年の暫定国民協議会決定第一五号を廃止することまで検討し始めた。虐殺事件当時彼自身は国外にいたため殺害に手をそめていなかったものの、後日殺害の実行者であったNUの総裁も務めた人物である。そのような人物がこのような行動をとろうとしていたのであるから、被害者たちの抱いた期待も大きかったが、そのような動きはNU内部から反発を受けた。そして彼は他の「不祥事」を表向きの理由として、議会で弾劾され、大統領職を罷免されるという前代未聞の事態を迎えてしまう。

ワヒド第4代大統領

ユドヨノ第6代大統領

メガワティ第5代大統領

犠牲者たちは、次いで大統領に昇格した副大統領メガワティがその路線を引き継いでくれることを期待した。メガワティは九・三〇事件を契機にその地位を追われ、一九七〇年に非業の死をとげたスカルノ元大統領の長女であったことから、犠牲者に寄り添った政策がとれるのではないかと期待されたのである。ところが彼女は、グス・ドゥルの残りの任期を継いだだけで在位期間が短かったことと、おそらく政治基盤の脆弱性のゆえにほとんど何もできなかった。

二〇〇四年にメガワティは大統領選に敗れて退き、そのあとを継いで一〇年間大統領のポストに君臨したのは、陸軍出身のスシロ・バンバン・ユドヨノであった。皮肉にも、彼は陸軍降下部隊(RPKAD)司令官として共産主義者の撲滅で名を馳せたサルオ・エディ大佐(当時)の娘婿であった。そのような個人的しがらみを表に出すことは無かったものの、やはり彼にできることは限られていた。二〇〇五年に編集された新しい歴史教科書は、配布されたものの半年もしないうちに回収され、元の内容に戻されてしまった。目には見えない圧力があったのである。「人権」という観点から国家人権委員会が大統領や最高裁判所に九・三〇事件の真相究明を要求する報告書を提出したが、十分な関心と配慮が向けられないまま、問題はいまだに放置されている。

スハルト政権が倒れて二〇年以上が過ぎた。共産主義を禁止した一九六六年の法令は解除されることなく、いまだに共産主義者は悪という基本的姿勢は捨てられていない。そして何よりインドネシア政府は、一九六五年以降の数年間に多くの共産主義者やその信奉者たちが殺されたという事実を認めようとはしない。「九・三〇事件の被害者」というとき、彼らの定義では九月三〇日の事件で殺された八人だけを指すのである。凄惨を極めたあの虐殺は、公的な歴史にも学校の教科書にもいっさい書き記されておらず、「なかったこと」にされてしまっている。殺害したこと自体を認めていないのであるから、謝罪も補償もありえないのである。

◆忘却に逆らって

虐殺事件は公的な歴史には一切記されず、当局は事件が人々の脳裏から自然に消え去ることをひたすら待っている。政権はマス・メディアや公的な歴史から消し去ることによって「忘れ去られる」ことを意図的に選択しようとしているのである。被害者家族とその支援者たちは、この出来事を忘却のかなたに葬ってしまうとする当局の思惑に抵抗していこうと必死に努力を続け、機会を捉えて懸命に世の中に訴えようとしている。たとえば歴史の事実を究明して書き留めること、あるいは映画を制作して映写会を開催したり、立場の異なる関係者を一堂に集めて対話させたり、展示、音楽会などの形をとって記念行事を開催するなど、様々な努力をしている。しかし、それに対する世間のプレッシャーは次第に大きくなり、集会などは物理的に排除されることすら増えている。

◆歴史を調理する

二〇〇四年六月四日から九日まで、バリに関連したある注目すべきイベントがジョクジャカルタで行われた。バリの若いアーティストたちのグループが、「歴史を調理する（Memasak dan Sejarah）」と題する展示とパーフォーマンスを開催したのである。このイベントでは、犠牲者が集団埋葬された土地で栽培されたキャッサバを、主催者側が調理して参加者に振舞い、人々に大きな衝撃を与えた。参加者が食べ終えた後、そのキャッサバが西バリの大量虐殺者を葬った集団墓地で栽培されたものだと明かしたところ、嘔吐する者や怒る者、呪う者などが続出した。主催者の一人で、文化人類学者のスルヤワンは、スハルトの退陣後メディアの多くがコンフリクトを描写するのに使った「暴力を異国情緒化（exoticization of violence）する」という現象を拭い去り、現実を突きつけるためだと語った（Dwyer & Santikarma 2007: 404-405）。

◆浄化——集団墓地の発掘と供養

忘却を企む国家権力に抵抗し、傷ついた人々の心を修復するもうひとつの、そしてもっとも大きなインパクトを持った試みは、集団墓地を掘り起こして、しかるべき宗教的敬意を払って埋葬しなおし、供養するという作業である。一九六五年の犠牲者の遺体は、処刑された場所に無造作に土をかぶせられて埋められ、しかるべき埋葬儀礼がなされていない。何度か触れたように、バリではヒンドゥーの儀礼に基づいてしかるべき形でガベンと呼ばれる火葬を行わない限り魂は往生し、生き返ることができないと考えられている。ガベンに付されていない遺体は危険な存在であり、そのような遺体がまとめて投げ捨てられたり、埋められた場所は霊的に不浄である。火葬なしでそのままになっている遺体の魂

2006年になって行われたステジャ元州知事のガベン(火葬)
スルヤワン氏提供

は、家族のみならずコミュニティも脅かすし、村全体の衛生や安寧にもかかわる。ガベンは、必ずしも死の直後に行われるとは限らず、いったん遺体を墓地に預けて埋葬しておいて、経済的な理由も含め後日、より適した日に実施することも可能である。バリの社会においてガベンは個人的な儀礼ではなく、バンジャルが仕切って執り行う重要な儀礼で、成員の他の活動への参加率は六〇～八〇パーセント程度なのに対し、死者の儀礼への参加はほぼ一〇〇パーセントといわれるほど重要なものである。

ヌガラ周辺で殺戮された多くの遺体は、大きな穴を掘って至る所にまとめて埋められたり、近隣の井戸に投げ込まれたりした。家族でさえ、当局の目が怖く、長い間手を付けないままであった。埋められた場所が分かっている場合でも、スハルトが政権を握って居る時には、こっそり供えものをするのがやっとで、掘り出してガベンするなどということは考えられなかった。そして、そのような場所は、バリのいたるところにあり、外国人観光客が知らずに歩いている名所旧跡の道路わきにもある。土地の人は知っていても、何の目印もついているわけではないから他人には分からない。

政府は、事件当初、犠牲者のガベンを行うことは、彼らの連帯を強めるのではないかと恐れ、それを厳しく禁じていたが、一九七一年以後、条件付きで許すようになった。事前に郡長か村長の許可が必要という条件に加え、家族側はガベンのために遺体(骨)の発掘(menggali)はしてはいけないし、多くの人を招いて派手にやってもいけないと規制した。そこで遺族たちは、埋葬場所の土を掘りそれだけをガベンに付すというやりかたを採った。人々はこれを「土のガベン(ngaben tanah)」と呼んだ。バリのガベンは死者の家族だけのものではなく、慣習村たるバンジャルが主体となり、その成員がすべて参加して執り行うものであるから、このような共同体の慣習に関わる問題に国家が干渉するということは大きな問題であったが、強固な新体制となった国家権力の前では誰も異論を唱えることはできなかった、

スハルト体制崩壊後、被害者の家族たちは法に則ったガベンをあらためて行おうと考えるようになった。たとえば、一九六六年、国軍に呼び出されたまま姿を消して行方不明のステジャ知事のガベンは二〇〇六年に行われている。また二〇一二年九月には、この事件によるすべての犠牲者の霊を鎮めるための大規模なガベンが、ヒンドゥーの聖職者によって、スカルノの三女スクマワティや、九・三〇事件で暗殺されたヤニ将軍の娘たちも臨席のもとで行われた（*Tempo* 8 Okt. 2012）。

近年の事例としては、二〇一五年一〇月二九日に行われたバトゥ・アグン村のマセアンというバンジャルでの集団墓地発掘がある。この村には「イダ・バグス」で始まる名前を持ったブラフマナ（僧侶階層の家系）が多数住んでおり、その住居となっているグリヨと呼ばれる建物が九つある。これはヌガラ郡の村落部の農村であるが、発掘が行われたマセアンというバンジャルは、ギルマヌックとデンパサルを結ぶ街道から北の方へ奥深く山道を上りつめた高台にある。道路沿いにあるバトゥ・アグン第三小学校の前の地中に、三回にわたって殺された計一一人の犠牲者が埋められていたが、遺族ならびに住民たちの要望によって掘り起こされ、遺体の供養が行われた。

一回目の殺害は、ヌガラ市街地のレラテン区からの逃亡者二名で、彼らはこのバンジャルの山奥の森

に隠れていたが、住民に発見されPNIとPKIの双方によって殺された。二回目は、ヌガラの市街地からアンソールと軍人がここまで来て住民四人を殺した。彼らは殺害のために、村の入り口から一時間以上もかかる長い登り坂を徒歩でやってきたという。

三回目は同じくアンソールがやってきて五人が一挙に殺された。その時はPKI信奉者も殺害に手を貸したという。上から殺害すべき者のリストが届いたことで殺害が始まったものだが、二日後に同じく殺害をやめるようにとの命令が来たため、リストに入っていた残りの者は難を逃れた。殺害は小学校の前という衆人環視の中で行われたため、埋葬場所もかなり明確に記憶されていた(マディウンとのインタビュー)。遺族は以前からこっそりお供えなどしていたが、あえて遺体を掘り起こしてガベンを行う勇気はなかったのである。

一九八四年頃になって、彼らの一族の中から相次いで四人もの交通事故の犠牲者が出た。虐殺の犠牲者の娘(二人の姉妹)と孫、計四人が一年以内に相次いで死んだのである。地域で影響力を持っていた超能力者に相談したところ、殺された二人の霊がまだ迷っている。遺体を掘り起こし、しかるべき儀礼を行って供養する必要があるといわれた。そこで、遺族はこの時思いきって自分たちだけで遺体を掘り起こしたのである。遺体を埋めたという人物がまだ生きていて場所を教えてくれた。事件からまだ二〇年足らずだった当時、遺体はまだ姿をとどめており、ガベンを行った。運よく当局からの咎めもなかった(遺族のスバリとのインタビュー)。しかし、これは例外であり、その他の九体の遺体は放置され、さらに三

○年の歳月がすぎたのである。

二〇一五年になって、近くの住民たちがこの場所で異常な現象がみられると訴えるようになった。たとえば、夜、埋葬現場で首のないお化けを見たとか、アスファルト化された道にラードのようなものが流れて犬が騒ぐなど、気味の悪い現象を訴える人が相次いだのである。それはとりわけ、満月・新月の儀礼の時などに多く現れ、必ずと言ってよいほど、誰かが突然、不審な死を遂げたため、何とかしなければという空気が盛り上がり、近くの住民たちはバンジャルでの話し合いの場に問題を持ち出した(Wedastraputri ed. 2016: 42ならびに村役場での合同インタビュー)。

バンジャルの顔役たちも、公道沿い、しかも公立小学校の真ん前に、供養されていない集団埋葬地があることは問題だと感じていた。バンジャルの慣習を司る長(クリアン・アダット)が主導し、実行委員会を作って実施を検討することになった。村役場も支援して企画書を作り、郡役場を通じて県庁へ提出された。正確な埋葬地点については異なる二つの情報があり、約一五メートル離れた二つの地点を結ぶ地域を全部掘り起こすことになった。また遺骨を傷つけてはいけないので、深さは二・五メートル掘ることになった。発掘作業は数時間におよび、多くの骨が収集された。着ている服などもまだ残っていたが、特にDNA鑑定などはせず、そのまま火葬された。

アスファルト化された道路の掘り起こしであったことから重機も必要となり、かなりの資金を要する事業となったが、宗教という私的なレベルの行為であるとして、政府は計画に反対しないし、掘り起こしに必要な資金的な援助も行わなかった。しかし、この計画を聞いた当時のジェンブラナ県議会議長は、費用を県の予算でまかない、重機で道路を掘り起こす作業を土木局に委託できるよう取り計らってくれた(Wedasteraputri 2016: 44)。

さらに発掘当日は、村の慣習的な警防組織(プチャラン)に加え、県政府の保安官や国軍、警察が協力して治安維持にあたった。また中央政界の地方代表議会(DPD)でバリ州選出議員を務めていたアルヤ・ウェダカルナ(Arya Wedakarna)が、多額の寄付をすると共に、発掘、火葬まで、すべてのプロセスに参加して全面的な支援をしてくれた(Wedasteraputri 2016: 51ならびにバトゥ・アグン村役場でのインタビュー)。皮肉なことにこのウェダカルナは、一九六五年、事件当時のPNIバリ副支部長で、虐殺を指揮する側にいたウェダストラ・スヤサの息子である。

彼は父の路線を継ぎ、スハルト政権崩壊後、スカルノの三女スクマワティらとともにマルハエン派国民党(PNI-Marhaen)という組織を結成し、政治活動を続けている。彼は多くの犠牲者を出したことを認め、その霊を清めることが自分の役割だと認識しており、それまでにもバリの各地や中ジャワで犠牲者の霊を浄める行事を実施していた(同氏とのインタビュー)。

バトゥ・アグンでの発掘と火葬は、日刊紙「バリ・ポスト(Bali Post)」でも報じられ(*Bali Post* 30 Oct. 2017)、多くの人々に周知されるとともに、この発掘のプロセスをドキュメンタリー映画監督のドゥウィトラ・アルヤナ(Dwitra Aryana)が撮影し、〝マセナ・メッセージ Masena Message〟という作品に記録した(同氏とのインタビュー)。しかしこの種のイベントがこのように当局に認知され、妨害にも遭わずに実施できたのは、非常に稀なことである。おそらく政界中央の議員ウェダカルナが関与したことが大きな意味を持ったと思われる。

4 壊してはいけない楽園イメージ

事件の記憶・記録を明らかにしていく上で、バリ特有の問題となるのが、「楽園イメージの保持」という大きな論点である。人口の八〇パーセントが直接間接に観光産業に依存しているバリにおいて、九・三〇事件による虐殺の記憶を記述したり、公開で討論したり、大々的に発掘したりというような行為は避けるべきと考えられ、平和な楽園イメージを維持し続けなければならなかった(Dwyer & Santikarma 2007: 409-410)。口に出せない、形にできないがゆえに、犠牲者の遺族にとって傷の痛みはいっそう大きなものとなった。バトゥ・アグンでの発掘作業が例外的なケースと述べたのには、そうした背景もある。

観光人類学の権威である山下晋二は、「楽園のイメージとしての青い海、白い砂、そして椰子の樹は、ガイドブックや観光パンフレットの写真の中に再生産され続け、寺院を背景にして踊るバリの少女たちの姿は神々の島や芸能の島のイメージをかきたてる」という(山下 1999: 114-115)。バリにおいて楽園は、「演出されるもの」なのだ（山下 1999: 117）。バリの観光のためには、植民地時代に欧米が作り出した、平和で平等で、調和に包まれたバリの村落社会、つまり「ドルプス・レプブリック（村落共和国）」というイメージを常に再生していかねばならず、それを突き崩すような暴力性、たとえば九・三〇事件期の虐殺などは隠し通さねばならないのであった。

サンティカルマは、一九六五年の暴力と、約二〇〇名の命を奪った二〇〇二年のクタにおける爆弾テロを対比させ、インドネシア当局の扱いが非常に異なることを指摘する。後者に対しては、ありとあらゆる儀礼を持って被害者の鎮魂に務め、また記念碑を作って記憶の風化を防いでいる。テロ事件によって「バリは暴力の犠牲になったが、そのテロリストはジャワ人であってバリ人ではなかった」からだと彼は言う。しかしその五〇〇倍もの人命が失われた一九六五年の虐殺は、平和であるはずの村のあちこちで、バリ人がバリ人を殺したものなのである。これは平和を愛するバリ人のイメージを大きく棄損することになる。爆弾テロは、バリの本質的・潜在的な平和への信頼を強めるものだったのに対して一九六五年の暴力は、バリ人は芸術家や踊り子であるだけでなく殺人者でもあったという現実を白日の下にさらし、平和なバリのイメージを破壊する、というのがサンティカルマの主張の骨子である（Santikarma 2005: 314-318）。

確かに、バリを国際的観光地として成功させたいというスハルトの開発政策にとって、血なまぐさい過去は最大の障害であった。その歴史を覆い隠そうとする努力は驚くほど成功していて、ガイドブックや観光案内のどこをみても五〇年前のその歴史にふれているものはない。バリ州知事が、二〇〇二年一二月にバリで開催されたＡＳＥＡＮの会議で爆弾テロに言及しその少し前に起こった爆弾テロを「バリが体験した最悪の非劇」と述べたことに対し、「では一九六五年の悲劇は何処へいってしまったのか」、と問いたい。

実際には、有名な観光スポットへいくために観光客がかならず通る道筋にも、海岸の椰子の林の合間にも、数えきれないほどの集団墓地があり、多くの人の魂がいまだ成仏できないままに眠っていることを地元の人々は皆知っている。しかし、示し合わせたように誰もが観光客に対して無言を保っている。それどころか、サンティカルマの言葉を借りれば「トラクターが、〝歴史を浄める技術（teknologi sanitasi sejarah）〟として働いて、集団墓地をサファリパークや、その他の観光客のための行楽地へと作り替えていった」のである（Santikarma 2004: 2）。島民の大部分が大なり小なり観光に依存するバリで、その秘密が明るみに出てイメージが破壊されることは致命的なのである。加害者だけでなく被害者の一族にとってもそれは同じであり、ある種の自己検閲が働いているのだ。それはポル・ポトによる虐殺の歴史（一九七九年）を観光資源にすらしているカンボジアなどとは大きな違いである。バリでは、歴史の暗部をあえて見せつけ、その痛みを心に刻む「ダークツーリズム」を推奨することは考えられないことなのであろう。

註

★1――トラウマという概念は、バリの社会ではごく最近まで認識されていなかったとサンティカルマらはいう。それが最初に使われるようになったのは、一九九八年のスハルト退陣に先立つ華人ハラスメントのあとだったという。そして二〇〇二年にクタで発生したイスラーム過激派の爆弾テロ以後、しばしば使われるようになった。

あとがき

　筆をおいたとき、思わず「ふーっ」とため息が出た。これは私が五〇年におよぶ研究生活で取り組んだなかで、間違いなく最も重いテーマだった。その調査も執筆も、大きな心の痛みと闘いながら必死でもがきながら進めてきた。ひとの「命を奪う」という行為が、かくも簡単に行われたということが信じられない。虐殺はその被害者の「数」で激しさをはかるべきものではない。歴史をひとくくりでみることは難しく、「大量」虐殺ではあっても一人一人の死が、それぞれに重みをもって私の胸に突き刺さってきて、調査が進むほど心は重くなっていった。そして、このとてつもなく暗い歴史の探求がほぼ終わりに近づいたころ、身近な人が奪われていくとはどういうことなのかを自身の問題として痛感させられる「別れ」が相次ぎ、さらに打ちのめされた。私と、いわば二人三脚でこの調査を進めてきたワヤン・デニアさんの死である。「まえがき」にも書いたように、ヌガラでの調査の多くは、ステジャ知事の息子ベニー・ステジャさんとの出会い、そして彼に紹介されたワヤン・デニアさんという元警察官との出会いに負うところが大きかった。彼は、七十数年にわたる人生で築いた豊富な人間関係を駆使して歴史の証人を次々と探しだし、バイクの後ろに私を載せてそこへ案内してくれた。見知らぬ外国人の姿を見て当惑する相手に「ほら、あんときのことだよ。思い出してくれ。正しい歴史を書き留めておかなきゃならないんだ」と訴え、口をひらかせてくれた。ワヤン・デニアさんがいなかったら、私の調査は、それ以前からずっと続けていたバリ社会の人間関係の歴史的変容に関する幅の広い研究のなかの単なる一断片だけに終わってしまい、ジェンブラナの九・三〇事件の真相が世に出ることもなかったであろう。その彼が昨年一二月、突然この世を去ってしまったのである。高齢であったとはいえ、信じられないほどあっけなく亡くなってしまった。そのとき私は日本に居て、お礼もお別れもすることはできなかった。実はそれだけではなかった。彼を私に紹介してくれたベニー・ステジャさんもそのほんの少し前に急逝されたことがわかったのだ。

更にもう一つ悲しい別れがあった。ワヤン・デニアさんが探し出し、引き合わせてくれたアンソールのアドナンさんもまた突然旅立ったのである。実際に多くの殺害に手を染めたこの「アルゴジョ」のもとへ、私は何度も何度も足を運んだものだ。そのたびに嫌な顔をせず、様々な心の内を語ってくれた。最初はどんなに恐ろしい人かとびくびくだったが、実は彼は極めて人間的な、全く人のいい「ふつうの」おじさんだった。「お国のために」正義をつらぬいたという自負があった一方で、若き日の迷いや、「敵」に回ってしまった幼馴染への哀悼など様々な想いを淡々と語ってくれた。

この三人はいずれも、私の調査と執筆が終わりに近づいていた時、まるで「もういいだろう?」といわんばかりに突然次々と亡くなってしまった。私事になるが、実はその同じころ私は母と、たった一人の弟までも相次いで亡くした。「死」は予期せぬときになんと簡単にやってくるものなのだろう。虐殺を書き留める過程で、現実の「死」を斯くも一度に受け入れなくてはならないはめになるとは、あまりにも重たすぎる現実だった。謹んで本書をこれらの方々の御霊に捧げたい。

そうした数々の別れからわずか数カ月。追い打ちをかけるような世界的危機が発生した。新型コロナウィルスのまん延である。この文章を書いている五月半ばまでの二、三カ月の間に、世界で四〇〇万人以上が感染し三〇万人近くの命が失われた。そしてまだ奪われつつある。いつ終わるかもわからない、ウィルスという「アルゴジョ」による大虐殺の嵐である。九・三〇事件のあとのインドネシアの人たちも、ウィルスを避ける今の私たちの様に家に閉じこもって息を潜め、いつ自分の名前が呼び出されるか分からない恐怖のなかで、嵐が過ぎ去るのをじっと待ったのだろうか。その精神的苦痛はいかばかりであったろうか。奪われた命の重さを心から痛感せざるを得ない。

あまりにも感傷的に暗いことばかり書いてしまったが、ここで、本書が私の九・三〇事件研究のなかでどのような位置付けになるのかを記しておきたい。本テーマで出す単行本はこれで三冊目である。二〇一四年に、岩波書店から『9・30 世界を震撼させた日――インドネシアの政変の真相と波紋』と題して最初の一冊を刊行し、事件の全容にわたって幅広く紹介した。その後さらに現地調査の成果と、インドネシア公文書の解禁によってあらたに判明した様々な事実を取り込んで記録したいと考えるようになった時、岩波の編集担当であった馬場公彦さんのご紹介で、さらに二冊の本を、本年ほぼ同時に刊行できることになった。その一つが本書であるが、もう一冊は、『インドネシア大虐殺――二つのクーデターと史上最大級の惨劇』と題して刊行される中公新書である。本書は記述をバリの一つの地方における虐殺に限定しているのに対し、同新書は、中央の政界でスカルノが実権を奪われていく過程、社会のあらゆるセクターで事件との直接間接の関与を調べるスクリーニング（査問）が展開され人々が排除されていった過程、その結果逃亡や亡命生活を余儀なくされた人々の運命など全国レベルの問題を幅広く取り扱った。本書とあわせてご購読いただければ一層の理解の助けになるものと思われる。

最後に筆をおく前に、先にあげた方々の他に、この本の完成までの過程でお世話になった多くの方々にお礼を申し上げたい。この調査はもともと、インドネシアの村落コミュニティとそこにおける人間関係が独立以来どのように変容していったかについての調査の一部であった。つまりもっと大きなテーマの中で、九・三〇事件は、ある時期の一断面であったが、その大きな調査に対して許可や便宜を与えてくれたインドネシアの関係機関にお礼を申し上げたい。次いでバリでの調査中、いつも滞在の拠点にさせていただき、寝食を提供するだけでなく、無知な私にバリのバンジャルの人間関係、歴史、慣習について様々なことを教えてくれたプンゲラゴアン村の友人たちにお礼を申し上げたい。それはこの辛い聞き取り調査を可能にするための必須のもので、それらの方々の協力と励ましがなかったならここまで続けられなかったであろう。

さらに、なによりも、多くの貴重な話を聞かせて下さった歴史の証人たちに心からお礼を申し上げたい。本書では必ずしもすべての方のお名前を列挙しなかったが、その数は、一〇〇人を超えている。言いたくないこと、思い出したくないこともたくさんあったろうに、重い口を開いてくださった方々には感謝を伝える言葉もない。

またつね日頃から、さまざまなアドバイスや便宜や貴重な情報を惜しげもなく提供してくださった、インドネシア科学院のアスヴィ・ワルマン・アダムさん、大阪大学の松野明久さん、ジャヤプラ大学のイ・グラ・スルヤワンさん、市井の歴史家サムスル・バフリさん、ロロ・サウィタさんにも心から御礼を申し上げたい。そしてまた　早稲田大学で九・三〇研究会を組織して共に研究する場をつってくださった後藤乾一さんとその仲間たち、研究途上で何度も私の発表を聞きアドバイスと励ましを下さった多くの友人たち、とりわけ、一緒にバリまで足を運んで幾つかのインタビューに参加してくださった野中葉さんには感謝を申し上げたい。

また、二〇一五年に、九・三〇事件五〇周年を期して日本人記者としては初めてヌガラに足を運んでこの事件を報道された、朝日新聞の古谷祐伸さん（当時駐ジャカルタ特派員）からも貴重な取材の情報を提供していただいた。

ヌガラ在住のただ一人の日本人、宇山千春さんは、コロナ禍で本書の仕上げの為に現地へ行けなくなってしまった私のため奔走し、様々な情報を補てんしてくださった。実は千春さんは、本書に何度となくでてくるある歴史の証人の御子息に嫁いでおられるのであるが、私のインタビューに同席された夫妻は、父上が何か心に秘めておられることは感じていたが、それがこのような体験であったことは知らなかったと、大きな驚きをあらわにされたことがあった。

末尾になってしまったが、やたらと見知らぬ横文字の名前や団体名が飛び交うこの原稿に何度も目を通し、その構成や文体についてご指導くださった千倉書房の神谷竜介さんの「忍耐」に感謝申し上げる。神谷さんのお助けなくしては、こんな本を、書店に並べうるような形に整備することはとうてい不可能であった。

倉沢愛子

二〇二〇年五月

引用文献

公文書

外交史料館文書　A'0211「バリ地区の情勢」木村スラバヤ領事から外相宛て、一九六五年一二月一七日付

外交史料館文書　A'0211「バリ島の排共運動について」木村スラバヤ領事から外相宛て、一九六五年一二月一八日付

外交史料館文書　A'0211「ステジャ、バリ省知事の召喚」斎藤大使から外相宛て、一九六五年一二月二七日付

米国務省文書　A-403　駐インドネシア大使館から国務省への電報、一九六五年一二月二一日

"Report from East Java"（アメリカの東ジャワの諜報員からの極秘の報告書の翻訳）*Indonesia* No.41 (Ithaca NY: Cornell University)

二次資料

Abdul Mun'im DZ, (2014) *Benturan NU-PKI 1948-1965*, Jakarta: PBNU

Adnan Marhaen, (2016) *Sepenggal Tragedi Jembrana Bali Mandi Darah: Autobiografi Adnan Marhaban*［ある一つの悲劇——血の水浴びとなったバリのジェンブラナの悲劇——アドナン・マルハバン自伝］未刊の手記　執筆年不明

Aju, (2015) *Nasib Para Soekarnois: Kisah Penculikan Gubernur Bali, Sutedja, 1966*［スカルノ主義者たちの運命・バリ州

知事、ステジャ拉致の物語　１９６６年］(Jakarta: Yayasan Penghayat Keadilan)

Ardhana, I Ketut & Wirawan A A Bagus (2012) "'Neraka Dunia" di Pulau Dewata［神々の島における〝この世の地獄〟］ in Taufik Abdulaah ed. *Malam Bencana 1965 dalam Belitan Krisis Nasional Bagian II Konflik Lokal*［国家的危機の曲がり角のなかでの　１９６５年の大悲劇の夜］, Jakarta: Yayasan Pustaka Obor Indonesia

Cribb, Robert & Soe Hok Gie (1990), "The Mass Killings in Bali", in Cribb, Robert ed, *The Indonesian Killings of 1965-1966: Studies from Java and Bali*, (Clayton, Victoria: Center of Southeast Asian Studies, Monash University)

Dwyer, Leslie & Degung Santikarma, (2007) "Posttraumatic Politics: Violence, Memory, and Biomedical Discourse in Bali" in Lurence J. Kirmayer Robert Lemelson & Mark Barad ed., *Understanding Trauma: Integrating Biological;. Clinical, and Cultural Perspectives*, Cambridge Univ. Press

Fearly, Greg & McGregor Katharine (2012), "East Java and the Role of Nahdlatul Ulama in the 1965-66 Anti-communist Violence", in Kammen, Douglas & McGregor, Katharine ed. *The Contours of Mass Violence in Indonesia 1965-68*, (Singapore: NUS Press)

Hanafi, A. M (1998), *A. M. Hanafi Menggugat: Kudeta Jend. Soeharto dari Gestapu ke Supersemar*［ハナフィは告発する――スハルト将軍のクーデター――ゲシュタプからスープルスマルまで］Paris: Edition Montblanc Lille-France

Hermawan Sulistyo (2000), *Palu Arit di Ladang Tebu: Sejarah Pembantaian Massal yang Terlupakan (1965-1966)*［甘蔗畑の鎌とハンマー　忘れられた大量殺戮の歴史］, Jakarta: Kepustakaan Populer Gramedia

Hobart, Mark, (1975) "Orators and Patrons: Two Types of Political Leader in Balinese Village Society", in Maurice Bloch ed. *Political Language and Oratory in Traditional Society*, (London, New York, San Francisco: Academic Press)

Hughes, John (1967) *Indonesian Upheaval*, (New York: David McKay Company)

Ida Bagus, Mary (2012) "West Bali: Experienced and Legacies of the 1965-66 Violence" In Douglas Kammen and Katharine

McGregor ed, *The Contours of Mass Violence in Indonesia 1965-68*, (Singapore: NUS Press)

Jelantik SP, & Arya Suarja ed. (2007) *Ida Bagus Gde Dosther* 80^{Th}*: Air Mengalir Sampai Akhir*, ［イダ・バグス・グデ・ドースター　80歳――水は最後まで流れる］(Denpasar: Manawa Bali)

Jenkins, David and Douglas Kammen, (2012) "The Army Para-Commando Regiment and the Reign of Terror in Central Java and Bali" Douglas Kammen and Katharine McGregor ed, *The Contours of Mass Violence in Indonesia 1965-68*, (Singapore: NUS Press)

Kammen, Douglas, (2017)"Revisiting Party Dynamics in Indonesia in 1965-1966: The Indonesian National Party in Bali"(未完の草稿)

Kasenda, Peter, (2015) *Sarwo Edhie dan Tragedi 1965*, ［サルオ・エディと1965年の悲劇］, Jakarta: Kompas

Komunitas Taman 65 ed. (2012), *Melawan Lupa: Narasi-narasi Komunitas Taman 65 Bali*, ［忘却に逆らって――バリの65年の園の語り］Denpasar: Taman 65 Bali

Kurniawan et.al. (2013) *Pengakuan Algojo 1965: Investigasi Tempo Perihal Pembantaian 1965*.［1965年のアルゴジョたちの告白――1965年の虐殺についてのテンポ誌の調査］, (Jakarta: Tempo)

Lane, Max (2010) *Shri Wedastera Suyasa: Dalam Politik-Politik Orang Bali 1962-1972: Politik Karismatik Hingga Aktivitas-aktivitas Sosial Edukasionaol*［1962－1972年のバリ政治のなかのスリ・ウェダストラ・スヤサ――カリスマ的政治家から社会教育活動家に至るまで］Denpasar: Universitas Mahendradatta

Mortimer, Rex, (1972) *The Indonesian Communist Party & Land Reform 1959-1965*, (Clayton, Victoria: Monash Papers on Southeast Asia No.1)

Pringle, Robert (2004) *A Short History of Bali: Indonesia's Hindu Realm*, (Crows Nest, NSW: Allen & Unwin)

Putu Fajar Arcana (2015), *Drupadi: Kumpulan Cerpen*,［ドゥルパディ・短編集］Jakarta: Kompas

Putu Parwata (1994), "Sejarah Kota Negara 1958-1992［ヌガラ市の歴史１９５８－１９９２年］", BA thesis submitted to Udayana University

Robinson, Geoffrey (1992), "The Economic Foundations of Political Conflict in Bali, 1950-1965" in *Indonesia* 54 Oct 1992, (Ithaca NY: Cornell University)

Robinson, Geoffrey (1995) *The Dark Side of Paradise: Political Violence in Bali*, Ithaca NY: Cornell University Press

Robinson, Geoffrey (1996) "The Post-Coup Massacre in Bali" in Lev, Daniel and Ruth McVey ed, *Making Indonesia*, (Ithaca NY and London: Southeast Asia Program, Cornell University)

Robinson, Geoffrey (2018), *Musim Menjagal: Sejarah Pembunuhan Massal di Indonesia 1965-1966*［殺しの季節——１９６５－１９６６年のインドネシアにおける大量虐殺の歴史］, Jakarta: Komunitas Bambu

Roosa, John (2006) *Pretext for Mass Murder: the September 30th Movement & Suharto 'Coup d' Etat in Indonesia*, (Madison: University of Wisconsin Press)

Samsul Bahri (2019), *Pemuda Ansor NU dalam Kemelut Jaman Gestok di Bali 1965-1966*［１９６５－１９６６年のバリのゲストック期の危機のなかのＮＵ青年部アンソール］, (Yogyakarta: Deepublish)

Santika, I Gst Ngr (1992) "Perkembangan Pelaksanaan Landreform Tanah Pertanian di Jembrana 1960-1990［ジェンブラナにおける農地改革の実施　１９６０－１９９０年］" (BA thesis submitted to Univ. Udayana)

Santikarma, Degung (2004) "Memasak Sejarah dan Ekonomi Ingatan '65 di Bali［バリの65年の記憶の歴史を調理する］" unpublished（未刊）

Santikarma, Degung (2005) "Monument, Document and Mass Grave: The Politics of Representing Violence in Bali" in Mary S. Zurbuchen ed., *Beginning to Remember: The Past in the Indonesian Present*, Singapore University Press in association with University of Washington Press

Slamat Trisila, (2013) "A.A.B. Sutedja File: Guburnur Bali Pertama dalam Liputan Sejarah［ステジャ・ファイル――歴史の綴りの中の初代バリ知事］", *Jurnal Kajian Bali* Vol. 03 No. 1 April 2013

Suryawan, I Ngurah (2004) "Sejarah dan Memasak: Memori serta Penggugatan Kesadaran［歴史と調理――記憶と意識の告発］"（未刊）

Suryawan, I Ngurah (2007) *Ladang Hitam di Pulau Dewa: Pembantaian Massal di Bali 1965*,［神々の島における黒い畑――１９６５年バリにおける大虐殺］(Yogyakarta: Galang Press, 2007)

Tim Penulis ed., (2012), *Pulangkan Mereka!: Merangkai Ingatan Penghilangan Paksa di Indonesia*,［彼らを戻してくれ！――インドネシアにおける強制的な失踪の記憶を束ねて］(Jakarta: Lembaga Studi dan Advokasi Masyarakat)

Warren, Carol (1989) "Balinese Political Culture and the Rhetoric of National Development", in Paul Alexander ed. *Creating Indonesian Culture*, (Sydney: Oceania Publications, University of Sydney)

Warren, Carol (1993), *Adat and Dinas: Balinese Communities in the Indonesian State*, Kuala Lumpur: Oxford University Press

Wayan Reken, "Operasi Front Pancasila: Mengigis Habis Gerakan PKI 30 November 1965 sampai dengan Mei 1966［パンチャシラ戦線の作戦――ＰＫＩ一掃　一九六五年一一月三〇日から一九六六年五月まで］"（未刊の手記　執筆年不明）

Wedastraputri, I. Gusti Ayu Diah Werdhi Srikandi ed (2016), *Batu Agung Bangkit dari Kenangan Tragedi G30S*［バトゥ・アグンは九・三〇事件の悲劇の記憶からよみ返った］(Denpasar: Universitas Mahendradatta)

Zhou, Taomo (2019), *Revolusi, Diplomasi, Diaspora: Indonesia, Tiongkok dan Etnik Tionghoa 1945-1967*［革命、外交、ディアスポラ――インドネシア、中国と華僑　１９４５－１９６７年］(Jakarta: Kompas)

鏡味治也(二〇〇〇)『政策文化の人類学――せめぎあうインドネシア国家とバリ地域住民』世界思想社
――(二〇〇九)「国家と地域住民」倉沢愛子・吉原直樹編『変わるバリ・変わらないバリ』勉誠出版
ギアツ、クリフォード著、小泉潤二訳(一九八九)『ヌガラ――19世紀バリの劇場国家』みすず書房
倉沢愛子(二〇〇七)「9・30事件(一九六五年)とインドネシア共産党撲滅」松村高夫・矢野久編『大量虐殺の社会史――戦慄の20世紀』ミネルヴァ書房
――(二〇〇九)「絶えざる対立と動揺の現代史」倉沢愛子・吉原直樹編『変わるバリ・変わらないバリ』勉誠出版
――(二〇〇九)「ヒンドゥーとイスラームの調和的共存」倉沢愛子・吉原直樹編『変わるバリ・変わらないバリ』勉誠出版
――(二〇一一)「インドネシア九・三〇事件と社会暴力」『岩波講座 東アジア近現代通史 八巻』岩波書店
――(二〇一四)『9・30 世界を震撼させた日――インドネシア政変の真相と波紋』岩波書店(岩波現代全書)
――(二〇一六)「バリ島――犯人と被害者家族が同じ村に暮らす終わらない虐殺の記憶」『世界ダークツーリズム』洋泉社
――(二〇一六)「9・30事件と日本」『アジア太平洋討究』第二六号
――(二〇一六)「インドネシア九・三〇事件――犠牲者50年の痛み」川喜田敦子・西芳美編著『歴史としてのレジリエンス』京都大学学術出版会
――(二〇一七)「九・三〇事件とインドネシアの華僑・華人社会――レス・プブリカ大学襲撃事件から見えること」『アジア・アフリカ言語文化研究』九三号
――(二〇一九)「故郷(くに)を追われて――9・30事件と文化大革命に翻弄されたインドネシアの帰国華僑たち」『マレーシア研究』第七号

――（二〇二〇）『インドネシア大虐殺――二つのクーデターと史上最大級の惨劇』中央公論新社（中公新書）
山下晋司（一九九九）『バリ観光人類学のレッスン』東京大学出版会

新聞・雑誌

Tempo 二〇一二年一〇月八日号、二〇一五年九月六日号
Bali Post 二〇一七年一〇月三〇日付
Sinar Harapan 一九六五年一一月二五日付
朝日新聞　一九六五年一〇月八日付、一二月一四日付、二〇一五年一〇月七日付
古谷祐伸「50年前の虐殺事件、難しい解決の道」朝日新聞デジタル（特派員レポート）二〇一五年一一月一〇日

インタビュー

◆国軍関係者

Tomas Lopi Keraf　ヌガラのD中隊兵士、二〇一五年三月一三日ヌガラにて、同月一五日プンゲラゴアン村にて
Yantje Daniel Pengan　ヌガラのD中隊兵士、二〇一六年九月四日ヌガラにて、二〇一七年九月五日プンゲラゴアン村にて
Hendrik Budiman　ヌガラのD中隊兵士、二〇一八年三月八日ヌガラにて

◆イスラーム／アンソール関係者

Adnan Marhaban　ジェンブラナ県のアンソール書記、二〇一六年九月四日、二〇一七年一月二六日、二月二日、二〇一八年三月一〇日ヌガラにて

Rusdi　テガル・バデン村で殺されたアンソール隊員アリフィンの甥、二〇一五年三月一三日、同月一五日、二〇一六年年二月一九日ヌガラにて

Hariadi　テガル・バデン村役場で殺されたアンソール隊員アリフィンの次男、二〇一五年三月一三日ヌガラにて

Awad bin Muhammad Jabir　テガル・バデン事件に遭遇したアンソール隊員、二〇一七年一月二六日ヌガラにて

Hanafi　アスムニの孫、二〇一八年三月九日テガル・バデン村役場にて

◆PNI関係者

Mantrem　PNI中核部隊（パスカン・インティ）の書記、二〇一六年二月二一日、二〇一七年九月一一日バルック村にて

Sertu　パスカン・インティのメンバー、二〇一七年九月四日ヌガラにて

Gede Putra　ガジャマダ大学のGMNI活動家、二〇一七年九月九日ヌガラにて

Bantro　プンゲラゴアン村のPNIリーダー、二〇一六年二〇日プンゲラゴアン村にて

Suenden　プニャリンガン村のパスカン・インティのメンバー、二〇一八年三月一二日プニャリンガン村にて

Kamer Merdeka　プニャリンガン村のパスカン・インティのメンバー、二〇一八年三月一三日プニャリンガン村にて

Wedakarana　ウェダストラ・スヤサの息子、二〇一八年三月五日ヌサドゥアにて

◆被害者：テガル・バデン村
Riko　ムスリムに改宗したテガル・バデン村住民、二〇一六年二月二〇日
Westa　警察官パン・サントンの息子、二〇一六年二月二〇日
Suara　テガル・バデン事件の目撃者、二〇一六年二月二〇日
Mangku　テガル・バデンの司祭、二〇一七年一月三〇日
Suambe　警察官パン・サントンの甥、二〇一七年一月二七日

◆被害者：バルック村にて
Cetog　父を殺された被害者家族、二〇一六年二月二一日
Tega　父を殺された被害者家族、Cetogの弟、二〇一七年二月一日

◆被害者：ロロアン・ティムール（東ロロアン）区バンジャル・メルタサリにて
Ngarsi　夫を殺された被害者家族、二〇一六年二月二〇日
Darta　兄を殺された被害者家族、二〇一七年九月四日
Subrata　殺害寸前に命拾いした住民、二〇一六年二月一〇日、二〇一七年二月二日

◆被害者：バトゥ・アグン村
Subali　墓地発掘の遺族、二〇一七年一月三一日
Madiun　墓地発掘作業の目撃者、二〇一七年二月一日
Batu Agung　村役場での合同インタビュー、二〇一七年二月一日

◆被害者：ヌガラ市街地

Sulendra　兄を殺された被害者家族、二〇一六年二月一九日

Suberden　トコ・ウォンでの犠牲者の息子、二〇一六年九月四日、二〇一七年二月二日

Tilam　殺される寸前に命拾いしたPKIシンパ、二〇一七年一月二五日

Werken　殺される寸前に命拾いしたPKIシンパ、二〇一七年二月二日

◆被害者：その他の地区にて

Benny Sutedjo　ステジャ知事の長男、二〇一六年二月一六日デンパサルにて

Adhi　ジェンブラナの共産党委員長アグン・デニアの妻、二〇一六年二月一八日テガル・チャンクリン村にて

Wadia　二〇一七年九月九日ブラワンタンギ村にて

Walyo　殺害命令を拒否した村人、二〇一八年三月一〇日ブラワンタンギ村にて

Bagus Tantra　ジェゴックのリーダー、二〇一〇年八月一四日ダンギン・トゥカッド・アヤ村にて

Sudiyana　被害者家族、二〇〇四年一一月四日、二〇一六年九月五日プンゲラゴアン村にて

Suwandu　弟を殺された被害者家族、二〇〇四年一一月四日ペクタタン郡マンギスサリ村にて

Natar　歌手、獄中でプリズンソング作成に協力、二〇一五年二月一六日ギアニャルにて

◆その他の証言者

Fajar Acana　ヌガラ出身の作家、二〇一七年一月五日ジャカルタにて

Anom　一九七〇年代にバンジャル・トゥンガ区区長、政治犯の家族を保護、二〇一六年二月二一日

Reken　無実の被害者を助けたレラテン区の長老の息子、二〇一七年一月三〇日ヌガラにて
Asli　小学校教師、アナ・ホテル所有者の一族、二〇一七年九月四日ヌガラにて
Mayun　イエ・エンバン村の小学校教師、二〇一七年一月二七日
Dwitra Aryana　"Masean Message" と題するドキュメンタリー映画制作、二〇一七年一月二四日デンパサルにて
Medra　諸学校の促成教員、二〇一九年九月一日プンゲラゴアン村にて
Halim　シンガラジャの歯科医、二〇一七年二月二一日、七月二九日ジャカルタにて
Hardika　ＰＮＩ系学生団体活動家、二〇一七年九月六日シンガラジャにて
Tan Kok Bing　シンガラジャの商人、二〇一七年九月七日シンガラジャにて
井上順雄　朝日新聞通訳、二〇一三年八月三日東京にて

◆インタビュー録の閲覧

バドゥン県知事（ジョン・ローサによるインタビュー）二〇〇一年一月六日
ステジャ夫人（ジョン・ローサによるインタビュー）二〇一三年三月六日

ハ行

マ行

ヤ行

ラ行

ワ行

主要人名索引

ア行

カ行

サ行

タ行

ナ行

マ行

ラ行

サ行

タ行

ナ行

ハ行

主要事項索引

数・英字

ア行

カ行

［著者略歴］

倉沢愛子（くらさわ・あいこ）

慶應義塾大学名誉教授

一九四六年大阪市生まれ。東京大学大学院修了、コーネル大学大学院ならびに東京大学にて博士号を取得。在インドネシア日本大使館付専門調査員、名古屋大学教授、慶應義塾大学教授などを歴任。専門はインドネシア社会史。単著に『日本占領下のジャワ農村の変容』『20年目のインドネシア』『南方特別留学生が見た戦時下の日本人』（いずれも草思社）、『ジャカルタ路地裏フィールドノート』（中央公論新社）、『インドネシアと日本　桐島正也回想録』（論創社）、『資源の戦争』『9・30　世界を震撼させた日』（ともに岩波書店）などがある。

楽園の島と忘れられたジェノサイド
――バリに眠る狂気の記憶をめぐって

二〇二〇年七月三日　初版第一刷発行

著者　倉沢愛子
発行者　千倉成示
発行所　株式会社 千倉書房
〒一〇四－〇〇三一　東京都中央区京橋二－四－一二
電話　〇三－三二七三－三九三一（代表）
https://www.chikura.co.jp/

印刷・製本　精文堂印刷株式会社
造本装丁　米谷豪

ISBN 978-4-8051-1205-2 C3022